国家出版基金项目
NATIONAL PUBLICATION FOUNDATION

人民至上

百年奋斗的价值坐标

党的百年奋斗历史经验丛书

2022年主题出版重点出版物

总主编 辛向阳

洪振涛 著

山东城市出版传媒集团·济南出版社

图书在版编目(CIP)数据

人民至上:百年奋斗的价值坐标/洪振涛著.——
济南:济南出版社,2022.12
(党的百年奋斗历史经验丛书/辛向阳总主编)
ISBN 978-7-5488-5007-6

Ⅰ.①人… Ⅱ.①洪… Ⅲ.①中国共产党—党的建设
—研究 Ⅳ.①D26

中国版本图书馆 CIP 数据核字(2022)第 228098 号

人民至上:百年奋斗的价值坐标
RENMIN ZHISHANG:BAINIAN FENDOU DE JIAZHI ZUOBIAO

出 版 人	田俊林
责任编辑	孔 燕
封面设计	胡大伟
出版发行	济南出版社
地 址	山东省济南市二环南路 1 号(250002)
印 刷	山东省东营市新华印刷厂
版 次	2022 年 12 月第 1 版
印 次	2023 年 5 月第 1 次印刷
成品尺寸	170 mm×240 mm 16 开
印 张	11.25
字 数	130 千
定 价	59.00 元

(济南版图书,如有印装错误,请与出版社联系调换。联系电话:0531-86131736)

总　序

辛向阳

　　从 1921 年成立到现在,中国共产党一路走来,筚路蓝缕,披荆斩棘,栉风沐雨,不断从胜利走向胜利,从一个辉煌走向另一个辉煌,已经走过了一百多年的历程。正如习近平总书记在庆祝中国共产党成立 100 周年大会上的讲话中所指出:"一百年来,中国共产党团结带领中国人民,以'为有牺牲多壮志,敢教日月换新天'的大无畏气概,书写了中华民族几千年历史上最恢宏的史诗。"一百多年前,党成立时只有 50 多名党员。今天,党已经成为拥有近一亿名党员、领导着 14 亿多人口大国、具有重大全球影响力的世界第一大执政党。一百多年前,中华民族呈现在世界面前的是一派衰败凋零的景象。今天,中华民族向世界展现的是一派欣欣向荣、朝气蓬勃的气象,正以不可阻挡的步伐迈向伟大复兴。这一百多年,有英勇顽强的奋斗,有艰难曲折的探索,有波澜壮阔的历程,也有动人心魄的故事,党历经淬炼,成就斐然。党自成立以来,始终把"为中国人民谋幸福、为中华民族谋复兴"作为自己的初心使命,以"为人类谋进步、为世界谋大同"彰显自己的天下情怀,始终坚持共产主义理想和社会主义信念,团结带领全国各族人民为争取民族独立、人民解放和实现国家富强、人民幸福以及强国建设、民族复兴而不懈奋斗,领导党和国家事业取得了历史性成就、实现了历史性变革、积累了历史性经验。

总结党的奋斗历程中的历史经验,既是党的优良传统,也是党的独特优势。过去一百多年,中国共产党向人民、向历史交出了一份优异的答卷。现在,中国共产党团结带领中国人民又踏上了实现第二个百年奋斗目标新的赶考之路,这就更加需要我们深刻总结党长期奋斗的历史经验。我们党历来高度重视总结历史经验。早在延安时期,毛泽东同志强调:"如果不把党的历史搞清楚,不把党在历史上所走的路搞清楚,便不能把事情办得更好。"进入改革开放和社会主义现代化建设新时期,邓小平同志指出:"历史上成功的经验是宝贵财富,错误的经验、失败的经验也是宝贵财富。这样来制定方针政策,就能统一全党思想,达到新的团结。这样的基础是最可靠的。"中国特色社会主义进入新时代,习近平总书记强调指出:"历史是最好的教科书","历史是一面镜子","对我们共产党人来说,中国革命历史是最好的营养剂。多重温我们党领导人民进行革命的伟大历史,心中就会增加很多正能量"。习近平总书记还强调:"中国历史是中国人民、中华民族坚持不懈的创业史和发展史。其中既有升平之世社会发展进步的丰富经验,也有衰乱之世的深刻教训以及由乱到治的经验智慧;既有当事者对时势的分析陈述,也有后人对前人得失的评论总结。可以说,在中国的史籍书林之中,蕴涵着十分丰富的治国理政的历史经验","我们学习历史,要结合我们正在干的事业和正在做的事情,善于借鉴历史上治理国家和社会的各种有益经验"。

在党的一百多年历史上,1945 年 4 月党的六届七中全会通过《关于若干历史问题的决议》,1981 年 6 月党的十一届六中全会通过《关于建国以来党的若干历史问题的决议》,2021 年 11 月党的十九届六中全会通过《中共中央关于党的百年奋斗重大成就和历史经验的决议》。这三个历史决议虽然诞生的历史背景、形成的现实条件和阐述的具体内容有所不同,但都以实事求是的原则总结了党的重大历史事件和重要经验教训,在重大历史关头统一了全党思想和行动,对推进党和人民事业发挥了重要引领作用。这三个历史决议贯通历史、现实和未来,深刻阐述了党团结带领人民争取民族独立、人民解放和实现国家富强、人民幸福以及开展强国建设、民族复兴的光辉历程,系统总结了党领导人民进行革命、建设、改革的历史经验,科学揭示了一百多年来中国共产党人对共产党执政规律、社会主义建设规律和人类社会发展规律的深刻认识。深入研究第三个历史决议,有助于我们牢牢掌握党和人民事业发展的历史主动,以党的重大成就和历史经验鼓舞斗志、凝聚力量、踔厉奋发、勇毅前行,以咬定青山不放松的执着、以一往无前的奋斗姿态接续夺取全面建设社会主义现代化强国的新胜利。

在党领导中国人民胜利实现第一个百年奋斗目标全面建成小康社会,踏上实现第二个百年奋斗目标新征程的重大历史关头,全面总结党的百年奋斗重大成就和历史经验,对推动全党进一步统一思想、统一意志、统一行动,团结带领全国各族人民夺取新时代中国特色社会主义新的伟大胜利,具有重大现实意义和深远历史意义。党的十九届六中全会通过的《中共中央关于党的百年奋斗重大成就和历史经验的决议》,是在建党百年历史条件下开启全面建设社会主义现代化国家新征程、在新时代坚持和发展中国特色社会主义的现实需要;是增强政治意识、大局意识、核心意识、看齐意识,坚定道路自信、理论自信、制度自信、文化自信,做到坚决维护习近平同志党中央的核心、全党的核心地位,坚决维护党中央权威和集中统一领导,确保全党步调一致向前进的政治需要;是推进党的自我革命、提高全党斗争本领和应对风险挑战能力、永葆党的生机活力、团结带领全国各族人民以中国式现代化全面推进中华民族伟大复兴而奋斗的时代需要。

回首党的一百多年的历程,正是在党的坚强领导下,中华民族才迎来了从站起来、富起来到强起来的伟大历史飞跃。党的十九届六中全会通过的《中共中央关于党的百年奋斗重大成就和历史经验的决议》,概括出来的具有根本性和长远性意义的十大历史经验,即坚持党的领导、坚持人民至上、坚持理论创新、坚持独立自主、坚持中国道路、坚持胸怀天下、坚持开拓创新、坚持敢于斗争、坚持统一战线、坚持自我革命,则充分反映了习近平总书记在党的二十大报告中所指出的:"实践告诉我们,中国共产党为什么能,中国特色社会主义为什么好,归根到底是马克思主义行,是中国化时代化的马克思主义行。"中国共产党历经一百多年,恰似风华正茂,仍然具有旺盛的生命力。世界充满好奇,时代充满追问。答案只有一个——坚定不移地坚持中国共产党的坚强领导。"党的百年奋斗历史经验丛书"正是立足于此,从基本史实、基本事实出发,全面阐释党的百年奋斗的十大历史经验,从政治、理论和思想等方面全面做出了回答。

加强对党的百年历史经验的研究,就是要深入研究党领导人民进行革命、建设、改革的一百多年的历史进程,全面总结党从胜利走向胜利的光辉历程,为国家、民族和人民建立的不朽功勋;深入研究党坚持把马克思主义基本原理同中国具体实际相结合、同中华优秀传统文化相结合,不断推进马克思主义中国化的一百多年的历史进程,全面深化对新时代党的创新理论的理解和运用;深入研究党不断增强党的团结、维护党中央权威和集中统一领导的一百多年的历史进程,深刻领悟加强党的政治建设这个马克思主义政党的鲜明特征和政治优势;深入研究党为"中国人民谋幸福、为中华民族谋复兴、为人类谋进步、为世界谋大同"的一百多年的历史进程,深刻认识党同人民生死相依、休戚与共的血肉联系,依靠人民创造历史伟业、创造历史伟业为了人民的阶级立场和推动世界社会主义运动发展、胸怀天下造福全人类的世界情怀;深入研究党加强自身建设、推进自我革命的一百多年历程,增强全面从严治党永远在路上的坚定和执着,确保党在新时代坚持和发展中国特色社会主义的历史进程中始终成为坚强领导核心;深入研究历史发展规律和大势,始终掌握新时代新征程党和国家事业发展的历史主动,增强锚定既定奋斗目标、意气风发走向未来的勇气和力量。

深入研究党的百年奋斗历程中形成的十大历史经验,要坚持科学的研究方法和原则要求。我们要坚持辩证唯物主义和历史唯物主义的方法论,用具体历史的、客观全面的、联系发展的观点来看待党的历史。要坚持正确党史观、树立大历史观,准确把握党的历史发展的主题主线、主流本质,正确对待党在前进道路上经历的失误和曲折,从成功中吸取经验,从失误中吸取教训,不断开辟走向胜利的新道路。要旗帜鲜明反对历史虚无主义,加强思想引导和理论辨析,澄清对党史上一些重大历史问题的模糊认识和片面理解,更好正本清源。尤其是,要坚持正确党史观和大历史观,立足于中华民族一百万年的人类史、一万年的文化史、五千多年的文明史,立足于五百余年的社会主义发展史、一百多年的中国共产党史、七十余年的中华人民共和国史、四十多年的改革开放史,从中华民族伟大复兴战略全局和世界百年未有之大变局出发,全面而准确地认清和把握新时代中国特色社会主义取得的历史性成就、发生的历史性变革。通过生动、深入、具体的纵横比较，把事实讲清楚，把道理讲明白，把理论讲透彻。

党的十九届六中全会通过的《中共中央关于党的百年奋斗重大成就和历史经验的决议》所总结的十条历史经验，是我们党百年奋斗中用鲜血和汗水凝练出来的理论结晶，既不是从哪本经典教科书上抄来的，也不是从哪个国家照搬来的，更不是在头脑中主观臆想出来的，而是系统完整、相互贯通的有机整体，揭示了党和人民事业不断成功的根本保证，揭示了党始终立于不败之地的力量源泉，揭示了党始终掌握历史主动的根本原因，揭示了党永葆先进性和纯洁性、始终走在时代前列的根本途径。这一历史决议深刻揭示了过去我们为什么能够成功、未来我们怎样才能继续成功，深刻阐述了中国共产党为什么能、中国特色社会主义为什么好、马克思主义以及中国化时代化的马克思主义为什么行，并进一步深刻回答了新时代坚持和发展什么样的中国特色社会主义、怎样坚持和发展中国特色社会主义，建设什么样的社会主义现代化强国、怎样建设社会主义现代化强国，建设什么样的长期执政的马克思主义政党、怎样建设长期执政的马克思主义政党等重大时代课题，是一篇闪耀着马克思主义真理光辉的纲领性文献，是新时代中国共产党人牢记初心使命、坚持和发展中国特色社会主义的政治宣言，是党领导广大人民以史为鉴、开创未来，全面建设社会主义现代化国家、全面推进中华民族伟大复兴的行动指南。

通过该丛书，我们可以清晰地看清楚过去我们党为什么能够成功、今天我们党如何成功，同时弄明白未来我们党怎样才能够继续成功，从而更加坚定、更加自觉地牢记初心、不忘使命，以更加宏大的气魄诠释胸怀天下。同时，在新时代更好坚持和发展中国特色社会主义，要不断坚持唯物史观和大历史观,以更加昂扬的姿态奋进新时代,逐梦新征程,踔厉奋发、勇毅前行、团结奋斗,全面建设社会主义现代化强国、全面推进中华民族伟大复兴。

全面建设社会主义现代化强国、全面推进中华民族伟大复兴,已进入了不可逆转的历史进程,我们比历史上任何时期都更接近、更有信心和能力实现这个目标。作为哲学社会科学工作者,我们要按照立足中国、借鉴国外,挖掘历史、把握当代,关怀人类、面向未来的思路,强化基础研究前瞻性、战略性、系统性布局,不断推进知识创新、理论创新、方法创新,以原创性、标识性的概念、话语、范畴、范式等深刻阐述党的百年奋斗历史经验生成的内在逻辑、内在机理。加快构建中国特色哲学社会科学学科体系、学术体系、话语体系,坚持用马克思主义及其中国化时代化的最新成果——习近平新时代中国特色社会主义思想观察时代、解读时代、引领时代,用鲜活丰富的当代中国实践来推动马克思主义发展,用宽广视野吸收人类创造的一切优秀文明成果,坚持在改革中守正出新、不断完善自己,在开放中博采众长、不断超越自己,不断深化对共产党执政规律、社会主义建设规律、人类社会发展规律的新认识,不断开辟马克思主义中国化时代化新境界!

目　录

第一章

人民至上的思想基因

　　参天之树，必有其根；怀山之水，必有其源。中国共产党人民至上的价值理念，是马克思主义基本原理同中国具体实际相结合、同中华优秀传统文化相结合所诞生的思想精华。在20世纪初风雨如磐的沉沉暗夜，马克思主义的人民观、中华传统文化的民本思想与近代中国人民饱受欺凌的精神烙印，如同一团灼热的星云在中国最早的一批马克思主义者心头交织萦绕，之后百年，历经无数次血与火的洗礼、生与死的考验，"人民至上"这颗璀璨的新星涤瑕荡垢、喷薄而出，成为引领千千万万中国共产党人前赴后继、一往无前的价值坐标。

第一节　理论基因：马克思主义的人民观

马克思主义的形成，是从马克思对人的科学认识开始的。马克思终其一生，都在关注人的生存、人的发展，关注人的价值、人的自由、人的解放，因此马克思曾把自己的理论研究方向称为"人的科学"。以唯物史观为指导形成的马克思主义人民观，在传入中国后深刻地影响了中国共产党人的精神世界，是人民至上价值理念的直接理论来源。

一、　人民群众是历史的创造者

历史是由谁创造的？这是一个关系谁居于社会历史发展主体地位的根本问题，对这个问题如何回答，也是唯物主义和唯心主义的分水岭。

在哲学还只是神学的"婢女"的中世纪欧洲，神学家认为包括人在内的一切生命都是"上帝"设计创造的，"神"是宇宙的主宰，掌管着一切历史的发展，在至高无上的"神"的旨意面前，卑微的人们根本不能掌握自己的生死祸福，也无力改变历史的进程。从14世纪开始，欧洲的三大思想解放运动——文艺复兴、宗教改革和启蒙运动撕开了中世纪的"黑暗时代"，带来了人性的复归，把人前所未有地置于了历史舞台的中心，人们开始消除对神灵和未知世界的敬畏，第一次认识到人具有完全的自由和能力去把握自身和历史的走向。然而，仅仅认识到人在创造历史中的作用，乃至把人视作历史的创造者，并没有彻底回答"历史是由谁创造的"这一问题，仍有可能走向另一条歧路。如意大利哲学家维科虽然在《新科学》一书中把人置于社会历史的主体地位，但他将历史的产生和形成过程建立在观念的基础之上，认为"最高理性"支配和决定历史发展。德国哲学家黑格尔虽然认识到历史是独立存在的，但他却将历史的进程与理性联系起来，认为是"绝对精神""神圣理性"主宰和推动了历史的发展。英国历史学家托马斯·卡莱尔宣称，世界历史就是"伟大人物的传记"，世界上已经或正在进行的一切，都是降生到这个世界上的伟大人物的思想转化为外部物质的结果，是他们的思想的实现和体现。法国历史学家基佐、梯叶里、米涅等人把人类历史看成一系列"偶然事件"，认为历史是由"有产阶级"而非劳动人民和被剥削群众等创造的。德国哲学家尼采则将历史看作"超人"表演的舞台，而人民群众"不过是供实验的材料，一大堆多余的废品，一片瓦砾场"。

凡此种种观点，都是唯心主义历史观的表现。从社会意识出发来认识历史，将社会历史的发展归功于"万能的神"或绝对精神的作用，是因为没有认识到无论是神还是人的精神、理性都是人自身及其物质生活条件的产物，是对现实世界的反映。将社会历史的发展归功于少数"伟大天才"人物，是因为没有正确认识领袖和群众的关系。仅仅依凭人民群众处于社会底层和被压迫地位的社会现实，就拒绝承认人民群众的历史创造者地位，实质上还是出于维护自身和本阶级社会地位的主观考虑和价值判断。

与唯心主义历史观相反，马克思和恩格斯把唯物论和辩证法相结合，从社会存在出发研究人类历史及其发展过程，创立了唯物主义历史观。马克思、恩格斯指出，我们研究的所谓历史，不是先于预先存在的纯粹的自然界的历史，而是现实的、活生生的"感性世界"的人的历史，是现实的人的感性活动创造了历史的现实和现实的历史。"历史什么事情也没有做，它'不拥有任何惊人的丰富性'，它'没有进行任何战斗'！其实，正是人，现实的、活生生的人在创造这一切，拥有这一切并且进行战斗……历史不过是追求着自己目的的人的活动而已。"[①] 这就指明了历史既不是基督教所编撰的"天国史"，也不存在于纯粹的自然界，而是存在于现实的人类生产活动之中。在科学地界定了"历史"的范畴之后，马克思、恩格斯进一步指出：历史的运动不是自发的，"自然界没有造出任何机器，没有造出机车、铁路、电报、自动走锭精纺机等等"[②]。那么创造了社会物质财富和精神财富、创造了历史的主体是谁呢？只能是人自身，"人们自己创造自己的历史"[③]。逻辑推演到此，马克思、恩格斯并没有停下思考的脚步，他们超越了费尔巴哈把人仅看作生物意义上的、直观的、抽象的人的观点，进而把创造历史的主体归功于从事生产劳动的人民群众，指出"历史活动是群众的活动，随着历史活动的深入，必将是群众队伍的扩大"[④]。马克思和恩格斯第一次发现了人民群众创造历史的伟力，他们将 17 世纪的英国和 18 世纪的法国所取得的"最光辉灿烂的成就"归功于工人、农民等"平民大众"，而嘲笑"资产阶级至多不

---

① 《马克思恩格斯文集》第 1 卷，人民出版社 2009 年版，第 295 页。
② 《马克思恩格斯文集》第 8 卷，人民出版社 2009 年版，第 197—198 页。
③ 《马克思恩格斯文集》第 2 卷，人民出版社 2009 年版，第 470 页。
④ 《马克思恩格斯文集》第 1 卷，人民出版社 2009 年版，第 287 页。

过是一个没有英雄气概的阶级"①。

需要指出的是，马克思和恩格斯在肯定人民群众创造历史的同时，并不否认英雄人物在创造历史中的地位和作用，但他们是站在社会历史的山巅，用更为宏观的视角来辩证地看待英雄人物和人民群众作用的。恩格斯指出："主要的出场人物是一定的阶级和倾向的代表，因而也是他们时代的一定思想的代表，他们的动机不是来自琐碎的个人欲望，而正是来自他们所处的历史潮流。"② 也就是说，英雄人物不是天生的圣人或天才，而是时代发展的产物，是时势造就了英雄，是人民把英雄推到了前台，因为"每一个社会时代都需要有自己的大人物，如果没有这样的人物，它就要把他们创造出来"③。恩格斯进一步指出，构成历史的真正的最后动力的动力，"与其说是个别人物，即使是非常杰出的人物的动机，不如说是使广大群众、使整个整个的民族，并且在每一民族中间又是使整个整个阶级行动起来的动机；而且也不是短暂的爆发和转瞬即逝的火光，而是持久的、引起重大历史变迁的行动"④。这也就说明了领袖人物只是整个民族、整个阶级的人民群众的愿望和诉求的代表，人民群众才是创造历史的决定性力量。

马克思、恩格斯对人民观的革命性改造，在中国共产党人那里得到了继承和发扬。如党的早期领导人陈独秀就认为，"民众是有高度意识和意志的人类，不像牛马可以随着鞭子的声影，叫他们行就行，叫他们止就止的；更不是无意识的木石或粉团，人们要把他们做成什

---

① 《马克思恩格斯全集》第 18 卷，人民出版社 1964 年版，第 325 页。
② 《马克思恩格斯文集》第 10 卷，人民出版社 2009 年版，第 174 页。
③ 《马克思恩格斯文集》第 2 卷，人民出版社 2009 年版，第 137 页。
④ 《马克思恩格斯文集》第 4 卷，人民出版社 2009 年版，第 304 页。

么东西就成为什么东西"①。李大钊指出："真正的解放，不是央求人家'网开三面'，把我们解放出来，是要靠自己的力量，抗拒冲决，使他们不得不任我们自己解放自己。不是仰赖那权威的恩典，给我们把头上的铁锁解开，是要靠自己的努力，把它打破，从那黑暗的牢狱中，打出一道光明来。"② 毛泽东多次将人民群众比作"铜墙铁壁"，比作"眼睛"，比作"土地"，比作"水"，甚至比作"上帝"，深刻地论述了人民群众在创造历史中的主体地位。1945 年，毛泽东在《论联合政府》的报告中精辟地指出："人民，只有人民，才是创造世界历史的动力。"③ 马克思主义关于人民群众创造历史的观点，第一次在中国的土地上、在中国共产党人所创立的马克思主义中国化的理论体系中得到了清晰的表达。

二、 为绝大多数人谋利益

1835 年 8 月，在德国特里尔中学的一间教室里，年仅 17 岁的马克思在作文《青年在选择职业时的考虑》中写下了这样一段话："在选择职业时，我们应该遵循的主要指针是人类的幸福和我们自身的完美……如果我们选择了最能为人类而工作的职业，那么，重担就不能把我们压倒，因为这是为大家做出的牺牲；那时我们所享受的就不是可怜的、有限的、自私的乐趣，我们的幸福将属于千百万人，我们的事业将悄然无声地存在下去，但是它会永远发挥作用，而面对我们的

---

① 《陈独秀文集》第 4 卷，人民出版社 2013 年版，第 553 页。
② 《李大钊全集》第 2 卷，人民出版社 2013 年版，第 492 页。
③ 《毛泽东选集》第 3 卷，人民出版社 1991 年版，第 1031 页。

骨灰，高尚的人们将洒下热泪。"① 自从青年时期立下"为人类而工作"的宏伟志愿后，马克思便选择了一条为绝大多数人谋利益的艰难道路，把自己的一生都无私地献给了无产阶级和全人类的解放事业。

马克思出身于一个受人尊敬的律师家庭，自幼敏而好学、勤于思考，在大学期间即遍读古代法律典籍，精研卷帙浩繁的历史著作，23岁获博士学位，24岁任《莱茵报》主编，被学术界誉为"既有深思熟虑、冷静严肃的态度，又有深邃敏锐的智慧……如果把卢梭、伏尔泰、霍尔巴赫、莱辛、海涅和黑格尔结合为一个人，那么结果就是马克思博士"。如果按照父亲设定的道路，天资聪慧、才华横溢的马克思凭借自身条件，完全可以轻而易举地成为一名律师或者大学教授，从而跻身于当时的"上流社会"。但胸怀解放全人类的崇高理想的马克思却舍弃了衣食无忧、舒适安定的生活，毅然决然地选择了一条荆棘密布的革命道路，并为此付出了常人难以想象的艰辛。

在完成了从唯心主义向唯物主义、从革命民主主义向共产主义的彻底转变后，马克思清晰地认识到，"最能为人类而工作的职业"就是为工人阶级和劳动群众的解放而奋斗。但是，在马克思所处的那个资产阶级一统天下的时代，一个在《共产党宣言》中庄严宣告资本主义必然灭亡的人，一个在《资本论》中周密论证剥夺者必将被剥夺的人，一个带领劳苦大众向资本主义制度发起猛烈进攻的人，必定不可能顺风顺水、安稳度日，注定会成为"当代最遭嫉恨和最受诬蔑的人"。因此，"各国政府——无论专制政府或共和政府，都驱逐他；资产者——无论保守派或极端民主派，都竞相诽谤他，诅咒他"②。纵观

———————

① 《马克思恩格斯全集》第 1 卷，人民出版社 1995 年版，第 459—460 页。
② 《马克思恩格斯选集》第 3 卷，人民出版社 2012 年版，第 1003—1004 页。

马克思的一生，因为从事革命活动先后四次被法国、比利时和普鲁士反动当局驱逐，不得不放弃国籍，成了没有任何国籍的"世界的公民"，并"连累"贵族出身的妻子燕妮跟随他一起度过 38 年艰苦而动荡的生活。在长达 40 年颠沛流离、居无定所的流亡生涯中，马克思经常贫病交加，一度没有钱为生病的妻子和孩子请医生、买药，甚至连衣服和鞋子都成了当铺的"常客"。在那最艰难的岁月里，五年内他有三个孩子相继去世。1855 年，马克思 8 岁的大儿子埃德加尔病死在他怀中，他在给恩格斯的信中写道："我之所以能忍受这一切可怕的痛苦，是因为……时刻希望我们两人还要在世间共同做一些有意义的事情。"① 长年累月孜孜不倦、夜以继日的工作，贫穷和疾病的困扰，以及反动势力无休无止的迫害，甚至普鲁士宰相俾斯麦重金收买的诱惑，都没有动摇马克思为绝大多数人谋利益的决心，他以无比坚忍的毅力克服了种种困难。1867 年，他在致迈耶尔的信中写道："我一直在坟墓的边缘徘徊。因此，我不得不利用我还能工作的每时每刻来完成我的著作，为了它，我已经牺牲了我的健康、幸福和家庭。"② 这些付出和坚守的背后，离不开为劳动人民谋利益的坚定信念的支撑。也正因为马克思从事的是为绝大多数人谋利益的事业，所以在他逝世后，"在整个欧洲和美洲，从西伯利亚矿井到加利福尼亚，千百万革命战友无不对他表示尊敬、爱戴和悼念"③。

显而易见，马克思对受剥削、受压迫、受奴役的劳动人民充满了深切同情，并力求以无产阶级革命改变这种现状。为此，他和恩格斯

①《马克思恩格斯全集》第 49 卷，人民出版社 2016 年版，第 660 页。

②《马克思恩格斯文集》第 10 卷，人民出版社 2009 年版，第 253 页。

③《马克思恩格斯选集》第 3 卷，人民出版社 2012 年版，第 1004 页。

一方面积极投身于理论研究工作，为无产阶级解放事业创立科学的理论体系，深刻披露工人阶级在资本主义制度下惨遭剥削和压迫的情景，无情批判资产阶级榨取雇佣工人剩余劳动的寄生生活，发动无产阶级群众提高阶级觉悟、为争取自身的解放勇敢斗争；另一方面，马克思和恩格斯以火热的激情投身于革命实践活动，他们创办了革命报刊《新莱茵报》，改组"正义者同盟"为"共产主义者同盟"，援助法国二月革命，声援被压迫民族争取自由的斗争，支持和帮助巴黎公社革命，创立国际工人协会，帮助世界各国无产阶级政党制定革命策略，恩格斯甚至作为炮兵亲自参加了爱北斐特的起义。这些都是马克思和恩格斯为绝大多数人谋利益的生动体现。

马克思和恩格斯在《共产党宣言》中指出："过去的一切运动都是少数人的，或者为少数人谋利益的运动。无产阶级的运动是绝大多数人的，为绝大多数人谋利益的独立的运动。"① 但是，马克思和恩格斯对劳动人民的同情和"为绝大多数人谋利益"的信念不是建立在感性或道德层面，而是建立在对人类社会发展规律的科学认识的基础上。他们不是从道德上谴责资本主义制度，而是从对社会发展规律的分析中揭示"两个必然"。他们同情资本主义的殖民扩张带给落后国家和民族的苦难，但也并不讳言殖民者不管犯下多少罪行，"毕竟是充当了历史的不自觉的工具"②。他们摒弃世俗的眼光，以唯物史观发现了处于社会底层的劳动人民特别是工人阶级具有对社会进行革命改造的强大力量，指出"一个阶级在社会中所处的地位越是比较低，越

①《马克思恩格斯文集》第 2 卷，人民出版社 2009 年版，第 42 页。
②《马克思恩格斯文集》第 2 卷，人民出版社 2009 年版，第 683 页。

是就一般意义而言'没有教养'，它就越是与进步相联系，越是有前途"①。他们阐明了现代无产阶级是推翻资本主义制度的"掘墓人"，"有力量从事伟大的民族事业"②，从而把推动历史发展的使命赋予了现代工人阶级。

马克思和恩格斯"为绝大多数人谋利益"的思想一传到中国，就给了还在黑暗中摸索的中国共产党人一盏指路明灯。毛泽东把这一马克思主义基本原理同中国的革命实际、同中华优秀传统文化相结合，将"为绝大多数人谋利益"的理论高度凝练成"全心全意为人民服务"的光辉思想，并将其作为党的宗旨写入了党的七大党章，集中体现了无产阶级革命运动的根本立场和中国共产党的根本宗旨，成为人民至上思想的重要来源。

三、 实现人类解放和人的自由全面发展

马克思主义是关于无产阶级解放、全人类解放和每个人自由而全面发展的学说。在马克思看来，人类解放是以无产阶级为主体力量所进行的一种历史实践活动，其最高境界和最终归宿是实现人的自由全面发展。马克思和恩格斯创立的包罗万象的经济学、政治学、哲学、历史学等诸多领域的理论体系，都是在探讨和论证人类解放的主题中展开并为其服务的。

《〈黑格尔法哲学批判〉导言》和《论犹太人问题》的问世，标志着马克思从唯心主义向唯物主义、从革命民主主义向共产主义转变

---

① 《马克思恩格斯全集》第 3 卷，人民出版社 2002 年版，第 424 页。
② 《马克思恩格斯全集》第 3 卷，人民出版社 2002 年版，第 497 页。

的彻底完成。在这两篇著作中，马克思就已经提出了人类解放的时代命题。在《论犹太人问题》一文中，马克思指出了人类解放同政治解放的区别。他认为，资本主义的政治解放完成了政教分离，宣布每个人都是平等的公民，这固然是人类解放道路上的一大进步，但由于整个社会的物质生活还是建立在市民社会的基础上，"在这个社会中，人作为私人进行活动，把他人看做工具，把自己也降为工具，并成为异己力量的玩物"①，因此政治解放本身还不是彻底的、完全的人类解放。在《〈黑格尔法哲学批判〉导言》中，马克思指出："德国人的解放就是人的解放。这个解放的头脑是哲学，它的心脏是无产阶级。哲学不消灭无产阶级，就不能成为现实；无产阶级不把哲学变成现实，就不可能消灭自身。"② 这就指出了人类解放的主体力量是无产阶级，马克思主义哲学则为无产阶级实现人类解放提供了新的世界观和方法论。在之后的《1844 年经济学哲学手稿》《神圣家族》《德意志意识形态》《共产党宣言》《资本论》《法兰西内战》《哥达纲领批判》等一系列著作中，马克思不断深化对人类解放问题的探讨，最终构筑起完整、科学的人类解放的理论大厦。

马克思的人类解放理论体系视野宏大、内涵丰富。从主体来看，人类解放包括个体解放、群体解放和人类解放。在马克思看来，每一个人的解放就是个体解放，无产阶级的解放就是群体的解放，人类解放就是人作为类存在物的类主体的解放。其中，无产阶级的解放是个体解放和人类解放的先决条件，"被剥削被压迫的阶级（无产阶级），如果不同时使整个社会一劳永逸地摆脱一切剥削、压迫以及阶级差别

---

① 《马克思恩格斯文集》第 1 卷，人民出版社 2009 年版，第 30 页。
② 《马克思恩格斯文集》第 1 卷，人民出版社 2009 年版，第 18 页。

和阶级斗争，就不能使自己从进行剥削和统治的那个阶级（资产阶级）的奴役下解放出来"①。因此马克思号召无产阶级积极行动起来，消灭建立在阶级分化之上的剥削与压迫，建立一个"每个人的自由发展是一切人的自由发展的条件"② 的自由人的联合体，亦即共产主义社会，来实现人性的完全复归和人的自由而全面的发展，最终实现全人类的彻底解放。从内容来看，人类解放包括政治解放、经济解放、劳动解放、文化解放等方面。马克思认为，政治解放的主要实现形式是国家，其进步意义在于使国家摆脱了宗教的束缚，使市民社会从专制和封建特权的束缚中解放出来，是实现人类解放的重要一步。经济解放的核心是消除社会层面的异化力量，使生产力由劳动者异己的力量转变成他们能够自觉掌控的力量，使生产关系由物与物的关系转变成人们自己的关系，这些只有通过消灭资本主义私有制才能实现。劳动解放的核心和实质就是使劳动摆脱私人规定与自然的外在束缚而回归社会化劳动，由异化劳动转化为自主活动，恢复人的自由自觉的本性。文化解放是要唤起无产阶级意识的觉醒，使人们从观念上摆脱对物的依赖，从精神层面反思和抗衡权力与资本逻辑，打破资产阶级关于自由、法、国家等所谓"永恒真理"的枷锁束缚，通过建构无产阶级的文化话语体系来实现文化解放，正如恩格斯所说，"文化上的每一个进步，都是迈向自由的一步"③。

马克思的人类解放理论，是以人的自由全面发展为归宿的。在《德意志意识形态》中，马克思和恩格斯从个体解放的角度，生动而

---

①《马克思恩格斯文集》第 2 卷，人民出版社 2009 年版，第 14 页。
②《马克思恩格斯文集》第 2 卷，人民出版社 2009 年版，第 53 页。
③《马克思恩格斯文集》第 9 卷，人民出版社 2009 年版，第 120 页。

形象地描绘了未来共产主义社会中社会发展与个人发展、集体自由与个人自由相一致的美好图景："在共产主义社会里，任何人都没有特殊的活动范围，而是都可以在任何部门内发展，社会调节着整个生产，因而使我有可能随自己的兴趣今天干这事，明天干那事，上午打猎，下午捕鱼，傍晚从事畜牧，晚饭后从事批判，这样就不会使我老是一个猎人、渔夫、牧人或批判者。"① 在那时，生产力高度发达，物质资料极大丰富，人不再受异己力量的支配，每个人都有充足的自由支配时间，走向自由的发展。到那个时候，全人类已经摆脱了盲目的自然力、社会关系以及旧思想、旧观念的束缚，人真正成为自然界的主人和社会的主人，每一个人在个性、道德、能力等方面都能得到自由而全面的发展，从而人类解放也就得到了彻底的实现。

恩格斯指出："马克思首先是一个革命家。他毕生的真正使命，就是以这种或那种方式参加推翻资本主义社会及其所建立的国家设施的事业，参加现代无产阶级的解放事业，正是他第一次使现代无产阶级意识到自身的地位和需要，意识到自身解放的条件。"② 马克思关于人类解放和人的自由全面发展的学说，始终指引着中国共产党百年奋斗的社会实践，甚至可以说，党的百年奋斗就是围绕中国人民的解放和人的自由全面发展所展开的。在半殖民地半封建社会的旧中国，以毛泽东为代表的中国共产党人，经过二十八年的浴血奋战夺取了新民主主义革命的胜利，实现了民族独立和政治解放，中国人民从此站了起来，为人民解放和人的自由全面发展创造了根本社会条件。之后的社会主义革命和建设，为人民解放和人的自由全面发展奠定了根本政

①《马克思恩格斯文集》第 1 卷，人民出版社 2009 年版，第 537 页。
②《马克思恩格斯文集》第 3 卷，人民出版社 2009 年版，第 602 页。

治前提和制度基础。邓小平、江泽民、胡锦涛为代表的中国共产党人带领人民进行的改革开放和社会主义现代化建设，让富起来的中国人民获得了极大的经济解放，为人民解放和人的自由全面发展提供了充满新的活力的体制保证和快速发展的物质条件。中国特色社会主义进入新时代，党和国家事业取得了历史性成就、发生了历史性变革，中华民族迎来了从站起来、富起来到强起来的伟大飞跃，为人民解放和人的自由全面发展提供了更为完善的制度保证、更为坚实的物质基础、更为主动的精神力量。在实现人类解放和人的自由全面发展的接力跑中，中国共产党向历史和人民交出了一份优异的答卷。

第二节　文化基因：中华优秀传统文化的民本思想

马克思主义中国化的过程，就是马克思主义基本原理同中国具体实际相结合、同中华优秀传统文化相结合的实践过程。中国共产党人民至上的价值理念，不仅蕴含着马克思主义人民观的科学理论基因，而且镌刻着中华民族数千年来一脉相承的民本思想的优秀文化基因。

一、"民惟邦本"的思想文化脉络

在中华上下五千多年的历史文化长河中，重民、贵民、安民、恤民、爱民、养民的民本思想源远流长，始终占据着举足轻重的地位，对中国人的精神世界产生了极其深远的影响。

中华传统民本思想肇始于商周。随着生产力的发展，人们对自然界的认识逐步深入，"唯鬼神独尊"的思想日渐式微，民本思想开始萌芽。至春秋战国时期，在奴隶制社会向封建制社会转型的剧烈动荡中，礼崩乐坏、天下大乱，人民生活于水深火热之中，以孔子、孟子、荀子等为代表的先进思想家开始探索思想领域的变革。《尚书·五子之歌》载"民惟邦本，本固邦宁"，民本思想逐渐形成。孔子在西周"敬天保民"思想的基础上，率先提出"为政以德""仁者爱人"等政治思想，主张统治者以身作则，以德行影响和感化人民，以仁德和礼义施政，做到爱民、富民、惠民、教民。孟子继承了孔子的民本思想，在总结夏、商覆亡教训的基础上，提出了"民为贵，社稷次之，君为轻"的政治主张，强调统治者要注重人民、注重民生，以得其民心、维护统治，并形成了一套较为系统的仁政施行方案。荀子最早提出了"君舟民水"论，指出："君者，舟也；庶民者，水也。水则载舟，水则覆舟。"[1] 他认为人民是君主存在的基础，同时人民的力量也能够推翻君主；主张"立君为民""尚贤使能"。这些主张在节制统治者欲望、限制君主独裁等方面发挥了一定作用。

经历了春秋战国的诸侯争霸，秦汉时中国开始进入"大一统"时代，以贾谊、董仲舒为代表的先进知识分子依据统治阶级需要，对儒家思想进行了改造创新。贾谊明确提出了"民本"理论，"夫民者，万世之本也，不可欺"[2]，认为民无不为本、民无不为命、民无不为功、民无不为力，系统而深刻地论述了民众是国家存在的根本、安定的根基、兴盛的源头，明确了国家和统治者要"以民为本""以民为

---

① 《荀子·王制》。
② 贾谊：《新书·大政上》。

命""以民为功""以民为力",形成了较完备的"民本思想"体系。但他同时也认为,民众是至贱至愚、无识无知的,其富民、利民的最终目的只是培养顺民、控制民众。董仲舒延续了孔子的德治思想,主张爱民、重民,"天立王以为民"①,意为上天树立君主是为了人民,君主作为上天在人间的代理人,就应该顺从天的意志,把人民作为立国的基础,为了人民而施政,以仁义德治教化人民,实现"天人感应"。尽管董仲舒借上天的权威对君主做了一些约束,但其目的还是加强中央集权,巩固君主专制。

唐太宗李世民作为中国历史上一位赫赫有名的开明君主,开创了享誉世界的大唐盛世,他借鉴隋朝灭亡的教训,认为"君,舟也;人,水也。水能载舟,亦能覆舟"②,并在治国理政的实践中躬身以行。他指出:"凡事皆须务本。国以人为本,人以衣食为本,凡营衣食,以不失时为本。"③ 他从维护统治阶级的长远利益出发,把人民看作政治的根本,体恤人民群众生活的艰难不易,不过度掠夺人民、加重百姓负担,"夫安人宁国,惟在于君。君无为则人乐,君多欲则人苦。朕所以抑情损欲,克己自励耳"④,从而实现了社会的繁荣发展,并进一步发展了民本思想。

宋代以降,以朱熹和张载为代表的理学家把"君为政本"和"民为国本"辩证统一起来,将民本思想发展到一个新的阶段。张载对"敬天保民"思想进行了唯物主义改造,指出"所谓帝、天之命,

---

① 《春秋繁露》卷七。
② 吴兢:《贞观政要·政体》。
③ 吴兢:《贞观政要·务农》。
④ 吴兢:《贞观政要·务农》。

主于民心而已焉"①，万物的变化、人间的祸福不是由"天帝"或"天命"决定的，而是取决于民心所向。他批判了"民至愚不知天命"的传统观点，指出，君主和民众都是由天地产生的，都是同胞兄弟，这就祛除了"敬天"的迷信色彩，保留和发展了保民、重民的思想实质。张载还提出，"为政者在乎足民"，要想实现国家长治久安，必须实现"足民"，并在此基础上"教民"。特别是他提出的"为天地立心，为生民立命，为往圣继绝学，为万世开太平"，充分体现了其民本思想。朱熹作为南宋大儒和宋明理学的代表人物，其政治哲学集尊君意识和民本思想于一体，主张"国以民为本，社稷亦为民而立"②，天子要正君心、施仁政，以"得民心为本"。他指出，"天下者，天下人之天下，非一人之私有也"③，主张天下是天下人的天下，不是君主一人独有的天下。他更加鲜明地提出"天下之务，莫大于恤民"，治理天下最要紧的事情就是体恤人民、爱惜人民，而体恤人民的关键就在于关心民生。这些民本思想，对当时社会和后代都产生了深刻的影响，至今仍具有重要的借鉴意义。

明清时期，随着封建社会逐渐走向没落和资本主义的萌芽，以黄宗羲、顾炎武等为代表的知识分子对民本思想做了进一步的发掘和拓展，使传统的民本思想发展至顶峰。黄宗羲对封建专制主义高度集中的皇权进行了猛烈的抨击，破天荒地提出了"为天下之大害者，君而已矣"④，认为国家的动乱、人民的困苦，都起因于君王自立为国家主宰；而"天下为主，君为客"，天下百姓才是国家的主人，君王只是

---

① 《正蒙·天道篇第三》，《张载集》。
② 《孟子集注·尽心章句下》，《四书章句集注》。
③ 《孟子集注·万章章句上》，《四书章句集注》。
④ 《明夷待访录·原君》。

由百姓请出来为民服务的客人。他还认为，只要制定了天下为公的法度，即便君王昏庸暴虐，在法度的约束下民众依然能维护自己的利益。由此可见，这里已蕴含有朴素的"民主""民权"思想，是传统民本思想的一大进步。顾炎武在《天下郡国利病书》《日知录》等著作中大胆质疑君权，提出了具有早期民主启蒙色彩的"众治"思想，主张关心民众疾苦，提倡"利国富民"，认为"善为国者，藏之于民"。特别是顾炎武提出的"保天下者，匹夫之贱与有责焉耳矣"①，将视野从一家一姓的王朝兴亡转移到广大中国人民的生存和整个中华民族文化的延续上来，对中华民族爱国精神的塑造产生了重要影响。

二、 民本思想的进步意义及历史局限

从历史的角度看，中华传统民本思想是中华民族思想史上的宝贵财富，对于提高人民地位、维护社会稳定、保障和改善民生都起到了一定的积极作用，至今仍有重要的借鉴意义。

首先，民本思想在一定程度上提升了人民的地位。在民本思想出现以前，由于生产力的低下和对自然界的敬畏，迷信天与鬼神是统治阶级思想意识的主流，"天命"被看得十分重要，人却被置于无足轻重的地位，甚至一些隆重的祭祀仪式往往使用人牲，这就不难解释为何殷商出土的甲骨文大多是占卜的记录了。后来，随着生产力的发展，人们在社会实践活动中逐渐意识到民众的智慧和力量，民本思想开始萌芽。从《尚书》记载的"天聪明，自我民聪明；天明畏，自我

———————

①《日知录》卷十三。

民明威"到《左传》提出的民为神之主、神依人而行，从周武王说的"惟天地万物父母，惟人万物之灵"到《孝经》说的"天地之性，人为贵"，都反映了这种在"天""神""人"的关系中，"神本"天命观的下降和"民本"人本观的上升。伴随着封建专制统治的进一步发展和"神本"观念的弱化，一些先进的政治家、思想家开始关注和探讨君主与民众之间的关系，并由此产生了"民贵君轻""君舟民水""君以民为心、民以君为体""天下为主，君为客"等进步思想，把人民的地位提升到关乎国家生死存亡、社会秩序安定、封建君主政权稳固的高度。尽管这些思想被历朝统治者接纳的程度不同，甚至哪怕再开明的封建统治者也不可能真正把人民置于君主之上，但他们对人民的重视程度都有所加强，这也在客观上提升了人民在社会结构中的地位。

其次，民本思想在一定程度上改善了人民的处境。民本思想的产生和发展，使统治阶级从王朝兴衰更替的反思中看到了"民者，多力而不可适"[①]，逐渐意识到民心是维系其统治长治久安的关键所在，所谓"得民心者得天下"。为了得到民众的拥护和支持，就要施行于民有利的"仁政"和"德治"，在经济上关心民生，在思想文化上教化民众。为此，历史上开明的君主大多出于对人民力量的敬畏而节制欲望，在施政时更多考虑国家安危、存亡、兴衰、功业等因素，注重体察民情、体恤民力，尽管这些都是在"顺天应民"的口号下进行的，但客观上对约束君权和暴政起到了一定的作用。在民本思想的影响下，中国历史上曾出现了一些繁荣时代，如汉代的"文景之治"、唐代的"贞观之治""开元盛世"、清代的"康乾盛世"等，这大都是

---

① 贾谊：《新书·大政上》。

最高统治者采取轻徭薄赋、与民休息、发展生产的经济政策的结果。民本思想还深深地影响了一些封建士大夫官员，他们以可贵的忧民为民情怀广施仁政，不违农时、爱惜民力、鼓励垦荒、兴修水利，使得广大人民能够安居乐业，在一定程度上缓和了阶级矛盾，维护了社会稳定，减轻了人民疾苦。他们留下的"安得广厦千万间，大庇天下寒士俱欢颜""心中为念农桑苦，耳里如闻饥冻声""先天下之忧而忧，后天下之乐而乐""些小吾曹州县吏，一枝一叶总关情"等千古名句，树立了爱民恤民、忧民利民的道德标杆，对后世乃至今天都发挥着精神引领作用。

任何一种思想都是特定历史时代的产物，是与其所处时代的政治、经济、文化相联系的。肇始于商周、发展于封建的传统民本思想，大都是为统治者长久"王天下"而服务的，不可避免地具有时代的局限性。

首先，中国历代的民本思想都以维护剥削阶级的统治为出发点，往往以农民起义、王朝更迭的教训为镜鉴，被动地接受、有限度地推行，因此难以根除"朱门酒肉臭，路有冻死骨""兴，百姓苦；亡，百姓苦"的历史规律。即便在中国历史上登峰造极的"康乾盛世"，仍然是富者甲第连云、贫者无立锥之地，大官僚、大地主过着养尊处优的生活，普通百姓却处在极端的贫穷、无助的困苦和连年不断的饥馑之中。可见，传统的民本思想至多只是让人民的生活稍有改善，却难以从根本上改变劳动人民受剥削、受压迫、受奴役的悲惨命运。

其次，传统的民本思想主要是一种得民心、存社稷、固君位的"驭民""牧民""治民"权术，是以"君权至上""以君为本""官本位"为前提的王道、仁政和德治，是"君本"之下的"民本"。历代统治者和思想家只是把"民"看作"臣民""子民"，而非我们今天理解的"人民"，"民"的全部价值就在于为君、为官、为主人而存在，只是受人驱遣的工具。因此，虽然他们提出了民本思想，但并没有把"民"放在与统治阶级平等的位置上。如孔子认为"唯上知与下愚不移"[1]"民可使由之，不可使知之"[2]，孟子认为"劳心者治人，劳力者治于人"[3]，因此都是一种不彻底的民本。尤其是一旦某种民本思想或实践危及统治阶级的根本利益，"爱民、仁政"等种种说辞就会被抛在一边，代之以思想钳制甚至血腥镇压。如明太祖朱元璋虽然在诏书中屡屡提及"民为国本"，但他对孟子"民贵君轻"的观点极为反感，遂把孟子逐出孔庙，虽然后来在舆论压力下恢复其配享，但仍命儒臣刘三吾等学士修《孟子节文》，删去八十五条不合"名教"的话，只剩下一百七十多条，刻板颁行于全国学校。此外，为了维护封建秩序，达到统治阶级和人民群众之间相对和谐的目的，统治阶级还把"泛爱""仁爱"主张演化为"三纲""五常"等封建伦理，使人民陷入重重束缚之中，因此传统的民本思想只是一种封建统治阶级的意识形态，是强化封建阶级统治的政治学说，与马克思所提出的"人的解放"完全不可同日而语。

三、 民本思想的创造性转化和创新性发展

马克思指出："历史不外是各个世代的依次交替。每一代都利用以前各代遗留下来的材料、资金和生产力。"[4] 中国共产党对历史上留

---

① 《论语·阳货》。
② 《论语·泰伯》。
③ 《孟子·滕文公章句上》。
④ 《马克思恩格斯文集》第 1 卷，人民出版社 2009 年版，第 540 页。

下的思想文化资源高度重视，自成立之日起，就是中华优秀传统文化的忠实传承者和弘扬者，又是中国先进文化的积极倡导者和发展者。早在 1938 年，毛泽东就指出，"我们必须尊重自己的历史，决不能割断历史"①"从孔夫子到孙中山，我们应当给以总结，承继这一份珍贵的遗产"②。他还讲："继承中国过去的思想和接受外来思想，并不意味着无条件地照搬，而必须根据具体条件加以采用，使之适合中国的实际。"③ 江泽民指出："鉴往开来，继承以往的优秀文化，弥补历史的不足，是当代中国人的社会责任。"④ 胡锦涛指出："要全面认识祖国传统文化，取其精华，去其糟粕，使之与当代社会相适应、与现代文明相协调，保持民族性，体现时代性。"⑤ 党的十八大以来，习近平总书记将传承和弘扬中华优秀传统文化提到了一个全新的高度，他多次强调，"中华优秀传统文化是中华民族的突出优势，是我们最深厚的文化软实力"⑥"抛弃传统、丢掉根本，就等于割断了自己的精神命脉。博大精深的中华优秀传统文化是我们在世界文化激荡中站稳脚跟的根基"⑦，要求"深入挖掘和阐发中华优秀传统文化讲仁爱、重民本、守诚信、崇正义、尚和合、求大同的时代价值，使中华优秀传统文化成为涵养社会主义核心价值观的重要源泉"⑧。可见，中国共产党对待包括民本思想在内的中华传统文化，采取了取其精华、去其

①《毛泽东选集》第 2 卷，人民出版社 1991 年版，第 708 页。
②《毛泽东选集》第 2 卷，人民出版社 1991 年版，第 534 页
③《毛泽东文集》第 3 卷，人民出版社 1996 年版，第 192 页。
④《江泽民文选》第 2 卷，人民出版社 2006 年版，第 491 页。
⑤《胡锦涛文选》第 2 卷，人民出版社 2016 年版，第 640—641 页。
⑥《习近平谈治国理政》第 1 卷，外文出版社 2018 年版，第 155 页。
⑦《习近平谈治国理政》第 1 卷，外文出版社 2018 年版，第 164 页。
⑧《习近平谈治国理政》第 1 卷，外文出版社 2018 年版，第 164 页。

糟粕、古为今用的务实态度。也正是在这一思想的指导下，传统的民本思想才上升为"人民至上"的价值坐标，实现了传统民本思想的创造性转化和创新性发展。

其一，实现了由"臣民"到"人民"的转化和发展。传统民本思想认为，"民"只是一群懵懂无知、地位低下、与封建统治阶级相对应的劳动人民，《说文解字》载"民，众萌也"，讲的就是这个意思。既然百姓萌化未开，就需要有君王教化引导，由此逻辑展开，相对于"民本"，"君本"才更为重要，讲"民本"只是为了固"君本"。封建社会森严的等级制度决定了"君在上，民在下"，民必须臣服于君，这也就把封建社会划分成了相互对立的两大阶级——统治阶级和被统治阶级，民就是被统治的"臣民""子民""庶民""草民"。而在中国共产党的语境中，"人民这个概念在不同的国家和各个国家的不同的历史时期，有着不同的内容"[①]。新民主主义革命时期，人民的范畴是指一切被帝国主义、封建主义和官僚资本主义压迫、剥削的群体和阶层；社会主义建设时期，工人、农民、知识分子和其他社会主义劳动者、社会主义事业的建设者、拥护社会主义的爱国者、拥护祖国统一的爱国者，都属于人民的范畴。这样，"人民"就跳出了传统意义上的君民话语体系和思维方式，打破了以往的封建宗法等级关系，由一个与"君""官"相对立的传统概念，转化成了同"国家""社会"相统一的群体概念，为人的解放和自由全面发展打下了基础。

其二，实现了从"御民"到"为民"的转化与发展。在传统民本思想中，封建统治阶级的重民亲民、爱民恤民、惠民利民、教民足

---

①《毛泽东文集》第 7 卷，人民出版社 1999 年版，第 205 页。

民，只是为了笼络人心，降低执政成本和风险，更好地驾驭和奴役人民，更多地剥削和压榨人民的劳动果实。《晏子春秋》载："礼者，所以御民也；辔者，所以御马也。"《邓析子·转辞》讲："明君之御民，若御奔而无辔，履冰而负重。"《管子·治国》说："善为国者，必先富民，然后治之。"《国语·鲁语上》载："夫惠本而后民归之志，民和而后神降之福……是以用民无不听，求福无不丰。"可见，封建统治阶级并不是站在劳动人民的立场上推行民本，在他们眼中，劳动人民只不过是可供驱役的工具，其看似对人民的同情和关心，只是用民的手段。对此，毛泽东曾一针见血地指出："不论是中国还是外国，古代还是现在，剥削阶级的生活都离不了老百姓。他们讲'爱民'是为了剥削，为了从老百姓身上榨取东西，这同喂牛差不多。喂牛做什么？牛除耕田之外，还有一种用场，就是能挤奶。剥削阶级的'爱民'同爱牛差不多。"① 并进一步指出："我们不同，我们自己就是人民的一部分，我们的党是人民的代表，我们要使人民觉悟，使人民团结起来。"② 中国共产党坚持人民至上，把自己看作人民的一部分、人民的公仆，其出发点和落脚点都是为了人民的利益而非其他任何私利，这是对传统民本思想的巨大超越。

其三，实现了由"治民"到"民主"的转化与发展。传统民本思想尽管包含着重民、亲民、爱民、宽民等思想倾向，但在封建社会中央集权和森严的等级制度下，统治者和民众始终处于对立利益的两端。在统治者看来，"溥天之下，莫非王土；率土之滨，莫非王

---

① 《毛泽东文集》第 3 卷，人民出版社 1996 年版，第 57—58 页。
② 《毛泽东文集》第 3 卷，人民出版社 1996 年版，第 58 页。

臣"①，"民"是自己统治等级中地位最低的"子民"，身份是低贱的，而自己则是高贵的。统治者是庙堂之上的发号施令者，民众只能接受和执行政令。这种社会等级的划分，造成了在经济上"遍身罗绮者，不是养蚕人"，在社会治理中"礼不下庶人，刑不上大夫"，在政治上人民更没有地位，既无权参与国家政策制定，更不能决定国家由谁来统治，只能无奈接受"君为民作主，民依君行事"。开明的统治者扮演着救世主的角色，把一些惠民、利民的政策看作是对民众的"施舍"；平庸的统治者满口仁义道德却"口惠而不实"，将民本思想拿来作为装点门面的道具；昏聩的统治者则恣意妄为，完全不顾及民众的死活。在这种情况下，人民根本不可能当家作主，只能寄希望于遇到"君明臣贤"，祈盼明君恩典施惠。而中国共产党坚持人民至上的价值理念，把人民视作国家和社会的主人，赋予了人民至高无上的地位，保证人民依法通过各种途径和形式管理国家事务、管理经济文化事业、管理社会事务，这是对传统民本思想的颠覆性改造。

第三节　精神基因：近代中华民族饱受欺凌的精神烙印

中国共产党人民至上的价值理念，不唯来源于马克思主义和中华优秀传统文化，还镌刻着近代以来中国人民罹受的深重苦难的精神烙

---

① 《诗经·小雅·北山之什》。

印。习近平总书记在庆祝中国共产党成立 100 周年大会上的讲话中指出："1840 年鸦片战争以后，中国逐步成为半殖民地半封建社会，国家蒙辱、人民蒙难、文明蒙尘，中华民族遭受了前所未有的劫难。"[①] 正是这些空前的劫难，激发了中国共产党人救国救民的强大精神动力，成为一代又一代共产党人为人民谋幸福、为民族谋复兴的精神基因。

一、 九州生气恃风雷

中华民族是世界上古老而伟大的民族，创造了绵延五千多年的灿烂文明，长期领先于世界，为人类文明进步做出了不可磨灭的贡献。谁承想这样一个伟大的东方文明古国，竟会在 19 世纪中叶带着无尽的屈辱和磨难步入近代社会。

19 世纪三四十年代，曾创造了"康乾盛世"的清王朝由盛转衰，政治腐败，国防空虚，军备废弛，国内阶级矛盾日益激化，人民群众的反抗斗争此起彼伏。同一时期，西方资本主义国家携工业革命的雄风迅猛发展，为扩大商品市场、争夺原料产地，加紧了海外扩张与殖民掠夺，幅员辽阔、人口众多的中国成为它们的征服对象。而闭关锁国、闭目塞听的清朝统治者对此懵然无知，仍旧沉醉在"天朝上国"的美梦之中。

1840 年，英国政府以林则徐虎门销烟为借口出兵侵华，以坚船利炮轰开了中国的大门，迫使清政府签订了丧权辱国的《南京条约》，

---

① 习近平：《在庆祝中国共产党成立 100 周年大会上的讲话》，《人民日报》2021 年 7 月 2 日。

割让香港岛，开五口通商，并赔款 2100 万银元，中国近代史由此开端。之后，看到大清王朝外强中干的西方侵略者趋之若鹜，在一次次对华战争中胁迫清政府妥协退让，将中国逐渐推入半殖民地半封建社会的深渊。

1856 年至 1860 年，英、法两国为进一步打开中国市场，扩大在华侵略利益，发动了第二次鸦片战争。英法联军攻进清朝首都北京，咸丰皇帝逃往承德，联军遂将圆明园内珍藏的历代文化珍宝劫掠一空，并将这座有"万园之园"之称的皇家园林付之一炬。清政府被迫与列强签订了一系列不平等条约，进一步扩充了列强在华特权。北方强邻沙俄趁火打劫，先以武力威胁，后以"调停有功"自居，胁迫清政府割让东北、西北共约 150 多万平方公里的领土，相当于 3 个法国的面积。

在 1894 年至 1895 年的中日甲午战争中，洋务派苦心经营 30 余年的中国新式海军全军覆没，标志着洋务运动的破产。李鸿章赴日谈判期间，与趾高气扬的日本首相伊藤博文有一段极其屈辱的对话。伊藤博文提出日方的最后修正案，直言："中堂见我此次节略，但有允、不允两句话而已。"李鸿章问："难道不准分辩？"伊藤博文答："只管辩论，但不能减少。"对割让台湾，伊藤博文要求："换约后一月内，两国各派大员办理台湾交接。"李鸿章提出："头绪纷繁，两月方宽，办事较妥，贵国何必急急？台湾已是口中之物。"伊藤博文却说："尚未下咽，饥甚！"最终，一纸《马关条约》使中国割让辽东半岛（后在俄、德、法三国的干涉下未果）、台湾和澎湖列岛，承认日本对朝鲜的控制，并赔款库平银 2 亿两。消息传到中国，举国震惊，谭嗣同在悲愤之下发出"四万万人齐下泪，天涯何处是神州"的呐喊，但国势颓微，国人只能屈辱接受。清朝的独立财政也至此破产，只得依靠向西方大国大举借债度日。

1900 年，英、美、法、德、俄、日、意、奥以镇压义和团运动之名，组成八国联军大举侵华，先后攻陷天津、北京，慈禧太后携光绪皇帝狼狈逃往西安。侵略军所到之处，烧杀淫掠，尸横遍野，皇宫和颐和园里珍藏多年的文物、宝物遭到洗劫。清政府被迫签订的《辛丑条约》，创下了中国近代史上赔款数目之最，达到空前的 4.5 亿两白银，价息合计超过 9.8 亿两。清政府不堪负担，只得允许各地增加各种税捐，指定各省分摊赔款数目，把赔款负担转嫁到全国人民头上。条约签订后，清王朝"量中华之物力，结与国之欢心"，使中国人民遭受到极其深沉的精神屈辱，更给中国人民带来空前灾难，中国已完全沦为半殖民地半封建社会。

1904 年至 1905 年，日本与俄国为了争夺中国东北和朝鲜半岛，爆发了一场日俄战争。令人扼腕的是，这场历时 19 个月的帝国主义不义之战却是在中国东北进行的，积贫积弱、腐败无能的清政府被迫宣布"局外中立"，任由双方 60 万大军和 2000 多门大炮在中国的土地上横行厮杀，不仅粮食被抢光，庄稼被割了喂马，老百姓还被强征运送弹药、服劳役。在这场战争中，冤死在两国侵略者的炮火之下的人民不计其数，连日本人办的《盛京时报》也不得不承认，东北人民"陷于枪烟弹雨之中，死于炮林雷阵之上者，数万生灵，血飞肉溅，产破家倾。父子兄弟哭于途，夫妇亲朋呼于路，痛心疾首，惨不忍闻"[1]。

---

[1] 苑书义：《中国近代史新编》（下册），人民出版社 2007 年版，第 30 页。

从 1840 年到 1905 年，中国人民一直笼罩在列强侵华战争的硝烟中，几乎所有资本主义、帝国主义强国都参与了对中国的侵略和掠夺。面对西方列强对中国的虎视鹰瞵、蚕食鲸吞、瓜剖豆分，亡国灭种的危机始终高悬于中国人民的头顶，救亡图强无可置辩地成为当时压倒一切的历史主题。"为了拯救民族危亡，中国人民奋起反抗，仁人志士奔走呐喊，进行了可歌可泣的斗争。太平天国运动、洋务运动、戊戌变法、义和团运动接连而起，各种救国方案轮番出台，但都以失败告终。"① 1894 年，孙中山在美国檀香山成立兴中会，抒发了"亟拯斯民于水火，切扶大厦之将倾"的理想，喊出了"振兴中华"的口号。尽管十七年后他领导的辛亥革命推翻了统治中国几千年的君主专制制度，但未能改变中国半殖民地半封建的社会性质和中国人民的悲惨命运。辛亥革命的胜利果实很快落入北洋军阀之手，中国又陷入军阀割据混战的黑暗统治之中，山河破碎、战火频仍，广大人民仍处于水深火热之中。只有依靠一场急风惊雷，才能打破这风雨如晦的无尽长夜。

二、 淬炼初心担使命

中华民族遭受的屈辱和中国人民蒙受的深重苦难，深深刺痛了最早接受马克思主义的一批先进知识分子。尽管那时的他们还都是青年甚至少年，还没有探索到指引国家和民族走出苦难的科学道路，甚至还没有完成马克思主义者的蝶变，但是近代以来的国耻民辱已经在他

---

① 《中共中央关于党的百年奋斗重大成就和历史经验的决议》，《人民日报》2021 年 11 月 17 日。

们的心中深深扎根，为人民谋幸福、为民族谋复兴的初心和使命由此萌生，并成为其人民至上的精神基因。

一是痛感国家之耻。1904年，陈独秀在《安徽俗话报》撰文："我每回北到天津，南到广东，路过外国占领我中国的旅顺、威海、胶州、九龙、香港这些地方，眼见得故国山河，已不是我汉种人的世界，既悲已往，又思将来，岂不是一件可恼可哭可惊可怕的事体么！"① 1915年5月7日，日本政府向袁世凯提出旨在灭亡中国的"二十一条"秘密条款，毛泽东就读的湖南一师学生编印了有关日本帝国主义侵略中国的文章和资料，题为《明耻篇》，毛泽东读后在封面上写下："五月七日，民国奇耻。何以报仇？在我学子！"② 周恩来则在作文中写道："呜呼！处今日神州存亡危急之秋，一发千钧之际，东邻同种，忽逞野心。噩耗传来，举国骚然，咸思一战，以为背城借一之举，破釜沉舟之计。一种爱国热诚，似已达于沸点。"③ 同年冬，周恩来在《或多难以固邦国论》中写道："自海禁大开，强邻逼处，鸦片之役，英人侵我；越南之战，法人欺我；布楚之约，俄人噬我；马关之议，日人凌我；及乎庚子，诸国协力以谋我，瓜分豆剖，蚕食鲸吞，岌岌乎不可终日。"文中针对袁世凯欲承认"二十一条"大声疾呼，"事急矣，时逼矣，非常之势，多难之秋，至斯亦云极矣"，"莽莽神州，已倒之狂澜待挽，茫茫华夏，中流之砥柱伊谁？弱冠请缨，闻鸡起舞，吾甚望国人之勿负是期也"④。1917年，尚在湖南一

① 《陈独秀文集》第1卷，人民出版社2013年版，第49页。
② 中共中央文献研究室：《毛泽东年谱》（上册），中央文献出版社2013年版，第17页。
③ 中共中央文献研究室：《周恩来年谱》（1898—1949），中央文献出版社1998年版，第15页。
④ 中共中央文献研究室：《周恩来年谱》（1898—1949），中央文献出版社1998年版，第17页。

师附属小学高等科读书的任弼时，某夜温习地理，感愤我国领土台湾、澎湖、香港、澳门、库页岛等均为列强割占，"诚可为痛哭流涕"。后来，他在作文《我国割让地之痛言》中写道："夫吾一国之中，寸土尺地，皆我祖宗披荆斩棘，沐雨栉风，以积德而累功，以保世而滋大，不知若何艰难也。而今每任强国鲸吞鼓颐，蚕食张吻，掠我土毛，腥我天地，金瓯之国家遂成破碎之山河。""呜呼！我辈对之当如烈火之烧心，众镝之丛体，芒刺之负背。若能时存卧薪尝胆之念，励精图治，何患不能收回割让之地乎！"① 这一年，任弼时才刚刚13岁。毛泽东后来总结，从19世纪40年代到20世纪40年代中期，"全世界几乎一切大中小帝国主义国家都侵略过我国，都打过我们，除了最后一次，即抗日战争，由于国内外各种原因以日本帝国主义投降告终以外，没有一次战争不是以我国失败、签订丧权辱国条约而告终"②。中华民族近代以来所蒙受的落后挨打、丧权辱国的耻辱，在中国共产党人的心中刻下了深深的精神烙印，成为他们强国富民的强大动力来源。2013年，习近平总书记在一次重要会议上指出："我经常看中国近代的一些史料，一看到落后挨打的悲惨场景就痛彻肺腑！"③

二是同情人民群众。1903年，陈独秀在赴日留学返回安庆时发表《安徽爱国会演说》，揭露沙俄吞并东北三省的野心，指出"俄人虐待我中国人已非一日"，并以在东三省的亲身见闻举例，"中国人坐火车者，虽已买票，常于黑夜风雨中无故被俄兵乘醉逐下，或打死于车

---

① 中共中央文献研究室：《任弼时年谱》，中央文献出版社2014年版，第12页。
②《毛泽东文集》第8卷，人民出版社1999年版，第340页。
③《习主席和中央军委运筹设计深化国防和军队改革纪实》，《人民日报》2015年12月31日。

中，华官不敢过问。沿铁道居民时被淫虐者更言不胜言。前年金州有俄兵奸淫妇女而且杀之，地方老绅率村民二百人向俄官理论，非徒置之不理，且用兵将二百人全行击毙。俄官设验疫所于牛庄，纳多金者则免，否则虽无病者亦置黑狱中，非纳贿不放。其无钱而囚死狱中者，时有所闻"，警示"各国将来瓜分我中国，其惨状亦何堪设想"①。1912年，李大钊作《隐忧篇》，针砭中华民国成立以来"边患""兵忧""财困""食艰""业敝""才难"的时弊，指出"连年水旱，江南河北，庚癸之呼，不绝于耳""工困于市，农叹于野，生之者敝，百业凋瘵"②，表达了对民生多艰的深切同情。次年，李大钊在《大哀篇》中痛陈官僚阶级"华衣美食，日摇曳于街衢，酒地花天"③，而当政者"不有以解其倒悬，乃坐视困苦飘零而不救，以致农失其田，工失其业，商失其源，父母兄弟妻子离散，茕焉不得安其居，刀兵水火，天灾乘之，人祸临之，荡析离居，转死沟洫，尸骸暴露，饿殍横野"④，指出国民政府所谓的民政、民权之幸福，只是"少数豪暴狡狯者"的专政、窃权和掠夺之幸福，根本不是人民的自主之政、自得之权和安享之幸福。1917年，周恩来在寒假随南开学校观剧团到北京观摩三天，"睹社会之腐陋，闻政府之黑暗"，气愤之极，在随后的一篇作文中写道："踯躅途中，睹乞丐成群也，则思推己及人，视天下饥如己饥、溺如己溺。"⑤ 表达了对穷苦人民苦难的感

①《陈独秀文集》第1卷，人民出版社2013年版，第2页。
②《李大钊全集》第1卷，人民出版社2013年版，第1页。
③《李大钊全集》第1卷，人民出版社2013年版，第8页。
④《李大钊全集》第1卷，人民出版社2013年版，第9页。
⑤ 中共中央文献研究室：《周恩来年谱》（1898—1949），中央文献出版社1998年版，第22页。

同身受。同年，在给南开同学陈颂言的信中，周恩来表示："家国恨，天下事，不堪一提！极目神州，怆怀已达极点！乃争权者犹红其眼磨其拳，不顾生死，哀哉！苦吾民矣，为之奈何！"① 1919 年，陈独秀在《贫民的哭声》一文中痛砭北洋政府搜刮民脂民膏，"养了议员去嫖、赌、恭维督军。养了文官去刮地皮，借外债卖路矿得回扣。养了武官去杀人、抢劫、贩卖烟土。养了法官警察官去捉拿那贫苦的烟犯赌犯来罚钱"，结果"只造成一片贫民的哭声"②。1921 年，毛泽东在《劳工周刊》发表文章指出："劳工神圣，一切东西都是劳工做出来的，劳工会是劳工的团结体，谁也应该同情的。"③ 这种在中国共产党早期领导人身上所体现出的对劳动人民的深深同情，始终贯穿在党的百年奋斗历程中，激励着一代又一代共产党人为人民而奋斗。

三是立志救国救民。在中国共产党人的精神谱系里，国家与人民、与个人是整体与部分的关系，是密不可分、息息相关的。党的早期领导人在还是青年学生时，就已经将朴素的家庭感情与爱国情怀融为一体，以济世救民、匡扶天下为己任。1910 年秋，17 岁的毛泽东考入湘乡县公立东山高等小学堂读书，离家时抄诗一首留给父亲，"孩儿立志出乡关，学不成名誓不还，埋骨何须桑梓地，人生无处不青山"④，表达了求学报国、志在四方的豪情。1911 年，年仅 13 岁的周恩来尚读小学，就立下了"为中华之崛起而读书"的宏伟志向，14 岁时就在作文中表达了"受完全教育，成伟大人物，克负乎国家将来

---

① 中共中央文献研究室：《周恩来年谱》（1898—1949），中央文献出版社 1998 年版，第 24 页。
②《陈独秀文集》第 1 卷，人民出版社 2013 年版，第 458—459 页。
③《毛泽东文集》第 1 卷，人民出版社 1999 年版，第 6 页。
④ 中共中央文献研究室：《毛泽东年谱》（上册），中央文献出版社 2013 年版，第 8 页。

艰巨之责任"① 的远大理想。1917 年 6 月，周恩来由天津登轮赴日本留学，行前写七言诗一首，"大江歌罢掉头东，邃密群科济世穷。面壁十年图破壁，难酬蹈海亦英雄"，表达了力图"破壁而飞"的凌云壮志和献身救国事业的革命精神。1918 年，蔡和森从长沙到北京联络赴法国勤工俭学事宜，途经洞庭湖作诗《少年行》曰："匡复有吾在，与人撑巨艰……虽无鲁阳戈，庶几挽狂澜。"② 他后来说："猎取功名，升官发财，不是我们要走的路，我们读书为的是'改造社会'。"③ 陈独秀早年从中日甲午战争、八国联军侵华战争中感悟到"国亡家破，四字相连"的道理，悲愤追问"我们中国何以不如外国，要被外国欺负，此中必有缘故。我便去到各国，查看一番"④。瞿秋白也是因"中国畸形的社会生活使人失去一切的可能"，"要求改变环境：去发展个性，求一个'中国问题'的相当解决——略尽一分引导中国社会新生路的责任"，才"决定到俄国去走一走"。⑤ 1921年，任弼时经上海共产党早期组织介绍赴俄留学，启程之日在给父亲的信中写道："人生原出谋幸福，冒险奋勇男儿事，况现今社会存亡生死亦全赖我辈青年将来造成大福家世界，同天共乐，此亦我辈青年人的希望和责任，达此便算成功。"⑥ 在矢志不渝探索救国救民的道路上，马克思主义如同沉沉黑夜中的一道闪电、一声惊雷，让他们各自完成了从改良主义者、社会民主主义者等向马克思主义者的蝶变。正

---

① 中共中央文献研究室：《周恩来年谱》（1898—1949），中央文献出版社 1998 年版，第 11 页。

② 《蔡和森文集》（上），人民出版社 2013 年版，第 23 页。

③ 李一纯：《回忆和森同志》，《回忆蔡和森》，人民出版社 1980 年版，第 128 页。

④ 《陈独秀文集》第 1 卷，人民出版社 2013 年版，第 37 页。

⑤ 《瞿秋白游记》，东方出版社 2007 年版，第 7 页。

⑥ 中共中央文献研究室：《任弼时年谱》，中央文献出版社 2014 年版，第 21 页。

如陈独秀所说："要逃出奴隶的境遇……只有用阶级战争的手段，打倒一切资本阶级，从他们手抢夺来政权；并且用劳动专政的制度，拥护劳动者的政权，建设劳动者的国家以至于无国家，使资本阶级永远不至发生。"[1] 一条救国救民的科学道路终于找到了。在马克思主义真理的指引下，救国救民之理想开始转向实践，人民至上的价值理念由朴素的家国情怀逐步上升为科学的理论和坚定的信仰。

---

[1]《陈独秀文集》第 2 卷，人民出版社 2013 年版，第 77 页。

第二章

人民至上的基本内涵

正如马克思和恩格斯所说的人是"处在现实的、可以通过经验观察到的、在一定条件下进行的发展过程中的人"一样，中国共产党语境中的"人民"是作为社会基本成员主体的广大劳动群众。"人民至上"不是一句抽象的口号，而是包含了人民力量至上、人民地位至上、人民利益至上、人民标准至上等丰富的内涵，体现于党领导人民进行革命、建设、改革的具体实践。人民创造历史的伟大力量赋予了人民至高无上的地位，坚持人民地位至上就必须把人民利益放在至高无上的位置，是不是真正做到了人民地位至上、人民利益至上最终还要靠人民来评判，这就是人民至上各个维度之间的逻辑关系。

第一节　人民力量至上

　　坚持人民力量至上，就是秉持历史由人民书写、由人民创造的唯物主义世界观，把人民群众看作推动历史发展的根本力量，深深扎根人民，紧紧依靠人民，广集民力、吸纳民智，充分调动最广大人民的积极性、主动性、创造性，为实现中华民族伟大复兴勠力同心、不懈奋斗。百年来，中国共产党始终坚持人民至上的价值理念，以之凝聚起团结奋进的磅礴力量，是我党战胜一切艰难险阻、实现中华民族伟大复兴的重要法宝。

一、国者必赖人民以强

　　早在中国共产党成立以前，后来成为党的早期领导人的一批先行者就看到了人民群众中蕴含的巨大潜力，同时也从鸦片战争之后整个社会"国不知有民，民不知有国""一盘散沙，人人得以欺之"的教训中，深刻认识到中国人民只有组织起来，才会具有无穷的力量。1905 年，陈独秀在《安徽俗话报》发表的《瓜分中国》一文中指出："我们中国地大人众，大家要肯齐心竭力办起事来，马上就能国富兵强，那还有怕外洋人欺负的道理呢？"① 1915 年，时年 11 岁、尚在初

――――――――――

① 《陈独秀文集》第 1 卷，人民出版社 2013 年版，第 12 页。

等小学四年级读书的任弼时，在作文《合群说》中写道："国者由人民而成，必赖人民以强。欲强之道，莫如合群。士、农、工、商皆能合群则必能富，富者强之""中国有四万万同胞而不能胜少数人之小国者，咎在不能合群也"①。同年，李大钊代表留日学生总会发表《警告全国父老书》，号召"智者竭其智，勇者奋其勇，富者输其财，举国一致，众志成城"②。1917 年，周恩来作《爱国必先合群论》指出："欲爱国则必先合群，无分畛域，勿拘等级，孤寡者怜之，贫病者恤之，优者奖之，劣者教之。合人群而成良社会，聚良社会斯能成强国。"③ 1919 年，毛泽东在《湘江评论》创刊宣言中大声疾呼："世界什么问题最大？吃饭问题最大。什么力量最强？民众联合的力量最强。什么不要怕？天不要怕，鬼不要怕，死人不要怕，官僚不要怕，军阀不要怕，资本家不要怕。"④ 之后在《湘江评论》连载的《民众的大联合》一文中，毛泽东指出，改造国家、改造社会的最根本方法，就是"民众的大联合"，他反问道，"民众的大联合，何以这么厉害呢？因为一国的民众，总比一国的贵族资本家及其他强权者要多"⑤，并断言"我们中华民族原有伟大的能力！……中华民族的大联合，将较任何地域任何民族而先告成功"⑥。尽管他们在当时思想还不够成熟，但都不约而同地看到了蕴藏于人民群众之中的伟大力量，

① 中共中央文献研究室：《任弼时年谱》，中央文献出版社 2014 年版，第 7 页。
②《李大钊全集》第 1 卷，人民出版社 2013 年版，第 219—220 页。
③ 中共中央文献研究室：《周恩来年谱》（1898—1949），中央文献出版社 1998 年版，第 22 页。
④ 中国社会科学院现代史研究室、中国革命博物馆党史研究室：《一大前后：中国共产党第一次代表大会前后资料选编》（一），人民出版社 1985 年版，第 58 页。
⑤ 中国社会科学院现代史研究室、中国革命博物馆党史研究室：《一大前后：中国共产党第一次代表大会前后资料选编》（一），人民出版社 1985 年版，第 83 页。
⑥ 中国社会科学院现代史研究室、中国革命博物馆党史研究室：《一大前后：中国共产党第一次代表大会前后资料选编》（一），人民出版社 1985 年版，第 95 页。

可被视为中国共产党人民力量至上思想的开端。

二、 真正的铜墙铁壁是群众

国民大革命失败后，1927 年周恩来、贺龙等领导发动南昌起义，打响了武装反抗国民党反动统治的第一枪，标志着中国共产党开始独立地创造革命军队和领导革命战争。短短三年时间内，中国工农红军就发展到 10 万多人，先后开辟了大小十多块革命根据地，并在人民群众的支援下，粉碎了国民党反动派的多次"进剿""会剿"和"围剿"。1933 年 6 月，蒋介石在江西南昌召开军事会议，决定在革命根据地周围普遍建筑碉堡，作为第五次"围剿"的新军事策略。据统计，至 1934 年 1 月底，江西共构筑碉堡 4000 多座。大敌当前，毛泽东在江西瑞金召开的第二次全国工农兵代表大会上的讲话中指出："国民党现在实行他们的堡垒政策，大筑其乌龟壳，以为这是他们的铜墙铁壁。同志们，这果然是铜墙铁壁吗？一点也不是！你们看，几千年来，那些封建皇帝的城池宫殿还不坚固吗？群众一起来，一个个都倒了。俄国皇帝是世界上最凶恶的一个统治者；当无产阶级和农民的革命起来的时候，那个皇帝还有没有呢？没有了。铜墙铁壁呢？倒掉了。同志们，真正的铜墙铁壁是什么？是群众，是千百万真心实意地拥护革命的群众。这是真正的铜墙铁壁，什么力量也打不破的，完全打不破的。"[①] 在毛泽东看来，反动军队再强大也不过几百万人，而人民群众的力量却是无穷的，只要人民军队与人民群众融为一体，就

①《毛泽东选集》第 1 卷，人民出版社 1991 年版，第 139 页。

会成为淹没任何强敌的汪洋大海，这就是人民战争的威力之所在。因此，毛泽东进一步指出："反革命打不破我们，我们却要打破反革命。在革命政府的周围团结起千百万群众来，发展我们的革命战争，我们就能消灭一切反革命，我们就能夺取全中国。"① 正是在这一人民战争思想的指导下，井冈山时期的工农红军在游击战中创造了"分兵以发动群众，集中以应付敌人""敌进我退，敌驻我扰，敌疲我打，敌退我追"② 的战略战术，取得了一系列战争的胜利。而第五次反"围剿"的失利，恰恰是因为"左"倾机会主义在红军中占据了统治地位，以所谓"正规战争"代替人民战争酿成的苦果。

抗日战争时期，针对有些官兵对平原地区能否发展游击战争并建立根据地的疑问，毛泽东在 1938 年 5 月写了《抗日游击战争的战略问题》，指出游击战争得以存在的根本原因不在于有山地和丛林，而是在于有广大人民群众，因为日本侵华是异族入侵，又执行极端的野蛮政策，因此"游击队就可以放手争取千百万人民的拥护"③；在满足"建立了抗日的武装部队、战胜了敌人、发动了民众"三个基本条件后，就可以建立游击战争的根据地。在《论持久战》一文中，毛泽东做出了"兵民是胜利之本"的著名论断，对"真正的铜墙铁壁是群众"思想做了进一步发展。他指出："战争的伟力之最深厚的根源，存在于民众之中。日本敢于欺负我们，主要的原因在于中国民众的无组织状态。克服了这一缺点，就把日本侵略者置于我们数万万站起来了的人民之前，使它像一匹野牛冲入火阵，我们一声唤也要把它吓一大跳，这匹野牛就非

---

① 《毛泽东选集》第 1 卷，人民出版社 1991 年版，第 139 页。
② 《毛泽东选集》第 1 卷，人民出版社 1991 年版，第 104 页。
③ 《毛泽东选集》第 2 卷，人民出版社 1991 年版，第 411 页。

烧死不可。"① 毛泽东还讲："军队须和民众打成一片，使军队在民众眼睛中看成是自己的军队，这个军队便无敌于天下，个把日本帝国主义是不够打的。"② 实践证明，群众的力量是无穷的，中国共产党领导抗日军民开展的游击战成效卓著，"破袭战""地雷阵""地道战""麻雀战"等各种因地制宜的新战法层出不穷，使侵华日军陷入了人民战争的汪洋大海，不仅破坏了日本"以战养战"的目的，更是通过平型关大捷、雁门关伏击战、夜袭阳明堡战役、黄土岭战斗、百团大战等战役的胜利，钳住了近 60% 的日本陆军军力。据统计，在敌后战场，中共领导的抗日武装对敌作战 12.5 万余次，消灭日、伪军 170 多万人，人民军队发展到约 132 万人，建立了约 100 万平方公里、近 1 亿人口的抗日根据地，对夺取抗战胜利起到了名副其实的"中流砥柱"作用。

在解放战争中，中国共产党仅用了三年时间，便打败了初期在兵力和装备上均占绝对优势的国民党反动派，取得了全国革命的胜利，这与广大人民群众的拥护支持也是分不开的。在辽沈、平津、淮海三大战役中，人民解放军在前线作战时，后方往往有十几万、几十万乃至上百万群众的支援，川流不息的运输队、担架队、破路队，遍布各地的民兵和游击队，充分显示了人民战争的无穷威力。仅淮海战役一役，支前民工就达到 543 万人，动用大小车辆 88.1 万辆，担架 20.6 万副，运粮 9.6 亿千斤，运弹药 1460 多万斤。华东野战军司令员陈毅深情地讲：淮海战役之所以能取得胜利，是老百姓用独轮小车推出来的。其实何止是淮海战役的胜利，整个中国革命的胜利都是人民群众用小车推出来的，这充分印证了千千万万跟党走、拥护革命的群

---

① 《毛泽东选集》第 2 卷，人民出版社 1991 年版，第 511—512 页。
② 《毛泽东选集》第 2 卷，人民出版社 1991 年版，第 512 页。

众才是"真正的铜墙铁壁"。

三、 用伟大人民群众的集体力量建设新中国

唯物史观认为，人民群众是真正的英雄，是人类社会发展的决定性力量。列宁指出："只有相信人民的人，只有投入生气勃勃的人民创造力泉源中去的人，才能获得胜利并保持政权。"[①] 并强调："千百万创造者的智慧却会创造出一种比最伟大的天才预见还要高明得多的东西。"[②] 纵观党的百年历史，打碎一个旧世界依靠的是人民，建设一个新中国依靠的也是人民。

1949 年 9 月 30 日，第一届中国人民政治协商会议闭幕，毛泽东在受会议委托起草的会议宣言《中国人民大团结万岁》中指出："我们应当将全中国绝大多数人组织在政治、军事、经济、文化及其他各种组织里，克服旧中国散漫无组织的状态，用伟大的人民群众的集体力量，拥护人民政府和人民解放军，建设独立民主和平统一富强的新中国。"[③] 10 月 1 日，毛泽东在天安门城楼向全世界庄严宣告："中华人民共和国中央人民政府今天成立了！"标志着中国结束了一百多年被侵略、被奴役的历史，真正成为独立自主的国家，亿万中国人民成为国家的主人，在党的带领下开始了社会主义革命和建设的新征程。

人民群众的力量是巨大的，集体的智慧是无穷的，革命战争年代是这样，和平建设时期也是如此。邓小平指出："一个党和它的党员，

---

①《列宁全集》第 33 卷，人民出版社 1985 年版，第 57 页。

②《列宁全集》第 33 卷，人民出版社 1985 年版，第 281 页。

③《毛泽东文集》第 5 卷，人民出版社 1996 年版，第 348 页。

只有认真地总结群众的经验，集中群众的智慧，才能指出正确的方向，领导群众前进……离开群众经验和群众意见的调查研究，那末，任何天才的领导者也不可能进行正确的领导。"① 党的历史上许多思想理论观点和重大决策，都是在总结人民群众的实践经验、尊重人民群众的首创精神的基础上提出来的。1978 年的一个冬夜，安徽省凤阳县小岗村 18 户村民在一纸分田到户协议书上按下了鲜红的手印，由此拉开了中国农村改革的序幕。"我们分田到户，每户户主签字盖章，如以后能干，每户保证完成每户全年上交和公粮，不在（再）向国家伸手要钱要粮。如不成，我们干部作（坐）牢剎（杀）头也干（甘）心，大家社员也保证把我们的小孩养活到十八岁。"这张已经发黄的 10 多厘米见方的纸片，至今仍作为改革开放的珍贵物证陈列在国家博物馆，昭示着人民群众的智慧和力量之无穷。

江泽民讲："党的领导、党的一切工作，都要依靠人民，相信人民，汲取人民的智慧，尊重人民的创造，接受人民的监督……谁深深扎根于人民之中，同广大群众结合在一起，谁就有力量、有智慧、有办法，就能够经受考验，战胜困难，做出突出的成绩。"② 胡锦涛指出，"群众是真正的英雄，是我们党的力量源泉和胜利之本。党和人民事业能不能顺利发展，关键在我们党能不能始终保持同人民群众的血肉联系，能不能充分调动人民群众的积极性、主动性、创造性"③ "世界上没有任何力量可以代替人民的力量"④，他秉持"人民群众是推动科学发展的主体"的理念，要求"推动科学发展，必须紧紧依靠

---

① 《邓小平文选》第 1 卷，人民出版社 1994 年版，第 218—219 页。
② 江泽民：《论党的建设》，中央文献出版社 2001 年版，第 181 页。
③ 《胡锦涛文选》第 3 卷，人民出版社 2016 年版，第 442 页。
④ 《胡锦涛文选》第 3 卷，人民出版社 2016 年版，第 444 页。

人民群众，做到谋划发展思路向人民群众问计，查找发展中的问题听人民群众意见，改进发展措施向人民群众请教，落实发展任务靠人民群众努力，衡量发展成效由人民群众评判"①。在党的历届最高领导人看来，党来自人民、植根人民、服务人民，党的根基在人民、血脉在人民、力量在人民，只有得到人民的真心拥护，善于总结吸收人民群众创造历史的实践经验，党的工作才能顺利推进，党的事业才能蓬勃发展，党才能无往而不胜。

四、 中国梦必须紧紧依靠人民来实现

党的十八大以来，习近平总书记向中国人民发出的实现国家富强、民族振兴、人民幸福的"中国梦"的号召，凝聚了全体中国人民对中华民族伟大复兴的憧憬和期待。这一伟大梦想，是整个中华民族的不懈追求，是亿万人民世代相传的夙愿，每个中国人都是中国梦的参与者、创造者，实现中华民族伟大复兴的中国梦还要靠人民。

2012 年 11 月 15 日，习近平在十八届中共中央政治局常委同中外记者见面时的讲话中指出："人民是历史的创造者，群众是真正的英雄。人民群众是我们力量的源泉。我们深深知道，每个人的力量是有限的，但只要我们万众一心、众志成城，就没有克服不了的困难；每个人的工作时间是有限的，但全心全意为人民服务是无限的。"② 从当选中共中央总书记伊始，习近平就把党领导民族复兴的重任与广大人民群众紧紧结合在一起。2012 年 12 月，当选中共中央总书记刚满一

---

① 中共中央文献研究室：《十七大以来重要文献选编》（上），中央文献出版社 2009 年版，第 579 页。
②《习近平谈治国理政》第 1 卷，外文出版社 2018 年版，第 5 页。

个月，习近平在广东考察工作时强调："领导不是百事通，不是万能的。要做群众的先生，先做群众的学生。领导干部要放下架子，甘当小学生，多同群众交朋友，多向群众请教。要真正悟透群众是真正的英雄。"① 这种在群众面前永远保持谦虚低调的姿态，是对全党的告诫，也是对人民力量的敬重。2013 年 3 月 17 日，刚当选为国家主席的习近平在十二届全国人大一次会议闭幕会上发表就任宣言，在将近 25 分钟的讲话中，9 次提及"中国梦"，44 次提到"人民"。"有梦想，有机会，有奋斗，一切美好的东西都能够创造出来。全国各族人民一定要牢记使命，心往一处想，劲往一处使，用 13 亿人的智慧和力量汇集起不可战胜的磅礴力量""中国梦归根到底是人民的梦，必须紧紧依靠人民来实现，必须不断为人民造福"②，这些重要论述，赢得了一次又一次热烈的掌声，彰显了一个民心所向的执政党所具有的伟大力量。

"人民是历史的创造者，是决定党和国家前途命运的根本力量""人民是党执政兴国的最大底气""人民是历史进步的真正动力""民心是最大的政治""江山就是人民，人民就是江山"……习近平总书记这些关于人民群众力量的重要论述，既是对历史经验的总结，又是对未来行动的指引，汇聚起齐心协力共筑中国梦的磅礴力量。

2022 年 10 月，习近平总书记在党的二十大报告中再次强调："团结就是力量，团结才能胜利。全面建设社会主义现代化国家，必须充分发挥亿万人民的创造伟力。全党要坚持全心全意为人民服务的根本宗旨，树牢群众观点，贯彻群众路线，尊重人民首创精神，坚持一切

---

① 李维：《习近平重要论述学习笔记》，人民出版社 2014 年版，第 52 页。
② 《习近平谈治国理政》第 1 卷，外文出版社 2018 年版，第 40 页。

为了人民、一切依靠人民，从群众中来、到群众中去，始终保持同人民群众的血肉联系，始终接受人民批评和监督，始终同人民同呼吸、共命运、心连心，不断巩固全国各族人民大团结，加强海内外中华儿女大团结，形成同心共圆中国梦的强大合力。"① 这是在迈向全面建设社会主义现代化国家新征程的关键时刻，党中央向全体党员发出的一道动员令。尊重民意、顺应民心、汇集民智、凝聚民力的中国共产党，必将带领亿万人民乘风破浪、披荆斩棘，夺取第二个百年奋斗目标的新胜利。

第二节　人民地位至上

坚持人民力量至上，就是以人民立场为根本政治立场，把人民群众看作历史发展和社会进步的主体力量，视人民群众为历史的主人，真正把人民群众放在心中的最高位置，坚持以人民为中心的发展思想，不断提高人民的政治地位、社会地位、经济地位和文化地位。把人民摆在什么位置，是贯彻马克思主义到什么程度的直接表现；坚持人民地位至上，是中国共产党区别于其他政党的一个重要标志。

---

① 习近平：《高举中国特色社会主义伟大旗帜　为全面建设社会主义现代化国家而团结奋斗》，《人民日报》2022 年 10 月 26 日。

一、　两种人民观的分野

在中国漫长的封建专制时期，人民群众与统治者的地位从来就不是平等的，历代统治者总是站在居高临下的位置对待人民群众。封建君主为了证明自身统治的合法性，往往把统治权力的来源归结于天，即"君权天授"，把自己说成是上天之子，即代表上天在人间行使权力、管理人民的"天子"。《尚书·泰誓上》载："天佑下民，作之君。"秦始皇统一六国后，命丞相李斯在传国玉玺上篆刻"受命于天，既寿永昌"八个大字，以作为"皇权天授、正统合法"之信物。西汉武帝时期，董仲舒明确提出"君权天授"与"天人感应"，他在《春秋繁露》中讲"屈民而伸君，屈君而伸天"，意思是说臣民要绝对服从于君主，君主要绝对服从"天"的意志，如果君主有了过失，上天就会给予惩罚。在这种封建统治思想的影响下，一些思想家、政治家虽然提出或推行传统的民本思想，但不可能跳出"君上民下"的窠臼，即便是开明的封建士大夫也只是把人民群众看作"子民"，而将自己当成人民的父母，心安理得地享受百姓对"父母官"的尊崇。《汉书·循吏传》载，西汉元帝时，南阳郡太守召信臣为政勤勉，"治视民如子""好为民兴利"，经常亲自指导农耕，出没于田间，住宿在农家，鲜有闲暇。因此，南阳郡"百姓归之，户口倍增，盗贼狱讼衰止""吏民亲爱信臣"，尊称其为"召父"。至东汉光武帝时，南阳郡百姓又幸运地遇到了新太守杜诗。《后汉书·杜诗传》载，杜诗爱民如子，事事替百姓作主，全郡百姓家家粮丰衣足。百姓将他与此前的召信臣相比，说"前有召父，后有杜母"，这便是"父母官"的由来。

在封建社会森严的等级结构中，处于社会最下层的人民群众只被视作如同草芥的"草民""庶民"，在统治阶级看来，社会历史的发展演变只是由处于社会上层的精英所主导的，作为庸碌之辈的人民能够起到的作用微乎其微。近代以来，从洋务运动到戊戌变法，从辛亥革命到新文化运动，中国的救国救民思想无不是把统治者或知识精英放在高高在上的位置，而视历史创造者主体的民众为不醒悟、不自觉，是需要按照精英设定的目标模式接受改造的预设对象。如梁启超就认为，大人物"心理之动进稍易其轨而全部历史可以改观"，"历史者，英雄之舞台也，舍英雄几无历史"。胡适说，英雄人物"一言可以兴邦，一言可以丧邦"。鲁迅把改造社会的希望寄托在"不和众嚣，独具我见"的"精神界之战士"身上。在接受马克思主义之前，陈独秀将近代以来国弱民孱的原因归结为先觉哲人和模范人物的缺失，认为"群众意识，每喜从同；恶德污流，惰力甚大；往往滔天罪恶，视为其群道德之精华。非有先觉哲人，力抗群言，独标异见，则社会莫由进化"[1]，"吾民之德敝治污，其最大原因，即在耳目头脑中无高尚纯洁之人物为之模范，社会失其中枢，万事循之退化"[2]。李大钊在早期也坚持精英改造观，认为要解专制政治之余毒，"惟在上流阶级，以身作则，而急急以立宪国民之修养相劝勉"[3]。他将希望寄托于知识分子，"盼望知识阶级作民众的先驱，民众作知识阶级的后盾"[4]。这种英雄史观或精英史观尽管具有强烈的进取意识，对人民充满同情和怜悯，但是由于没有摆正人民的位置，知识分子人为地疏

---

① 《陈独秀文集》第 1 卷，人民出版社 2013 年版，第 114 页。
② 《陈独秀文集》第 1 卷，人民出版社 2013 年版，第 174 页。
③ 《李大钊全集》第 1 卷，人民出版社 2013 年版，第 520 页。
④ 《李大钊全集》第 3 卷，人民出版社 2013 年版，第 221 页。

远、隔离了人民，最终只能陷入孤独的呐喊与彷徨。

随着马克思主义的进一步传播，一批具有初步共产主义思想的知识分子开始从精英史观转向群众史观，提出了"劳工神圣"的口号，人民群众在社会发展和人类解放中的主体地位逐渐得以确立。特别是俄国十月革命的胜利，使中国的先进知识分子看到了工农群众的威力，李大钊直呼俄国的胜利为"庶民的胜利"，预言"须知今后的世界，变成劳工的世界"①，指出"民众的势力，是现代社会上一切构造的唯一的基础"②。陈独秀则提出了"只有做工的人最有用最贵重"的观点，指出"社会上各项人，只有做工的是台柱子，因为有他们的力量才把社会撑住"③。在马克思主义指引下，他们把社会底层劳苦大众的地位提升到变革社会、实现自身解放的主体力量的高度，赋予了人民群众与知识分子和其他阶层平等的地位。

二、 人民在党心目中的崇高地位

尊重人民的主体地位，把人民群众视为历史的主人，是中国共产党人民至上价值理念的出发点。早在建党之初，毛泽东深入安源开展工人运动，在夜校为煤矿工人上课时就曾生动地说："'工'字上边一横代表天，下边一横代表地，中间一竖代表我们工人，我们工人可以顶天立地！"顿时掌声四起、群情振奋。后来，他又到长沙给人力车夫讲课，当讲到"工人"二字时，又换了一种解释方式，他先在黑

---

① 《李大钊全集》第 2 卷，人民出版社 2013 年版，第 359 页。
② 《李大钊全集》第 3 卷，人民出版社 2013 年版，第 262 页。
③ 《陈独秀文集》第 2 卷，人民出版社 2013 年版，第 10 页。

板上写下"工人"二字，然后说："工人就是做工的人，咱们把'工'字放在'人'字上面，大家看看是个什么字？"车夫们异口同声地说："天！"毛泽东深情地说："对，我们工人就是'天'！我们工人的力量如果联合起来，是可以顶天的呀！"由此可以看出，我们党从建党之初就非常看重中国工人阶级的力量，把工人阶级摆在了"顶天立地"的崇高位置上。

马克思指出，农民是无产阶级的天然同盟军，无产阶级革命有了农民的支持，"就会形成一种合唱，若没有这种合唱，它在一切农民国度中的独唱是不免要变成孤鸿哀鸣的"[①]。毛泽东很早就注意到了革命中的农民问题，1926 年，他在《国民革命与农民运动》一文中开篇指出："农民问题乃国民革命的中心问题，农民不起来参加并拥护国民革命，国民革命不会成功；农民运动不赶速地做起来，农民问题不会解决；农民问题不在现在的革命运动中得到相当的解决，农民不会拥护这个革命。"[②] 他号召研究农民问题，开展组织农民的工作。1927 年初，毛泽东历时 32 天，行程 700 公里，考察了湘潭、湘乡、衡山、醴陵、长沙五县，写出了著名的《湖南农民运动考察报告》，指出贫农"乃是农民协会的中坚，打倒封建势力的先锋，成就那多年未曾成就的革命大业的元勋"[③]。1940 年，毛泽东在《新民主主义论》中指出，"中国的革命实质上是农民革命""农民问题，就成了中国革命的基本问题，农民的力量，是中国革命的主要力量"[④]。1941 年，毛泽东又在《农村调查》的序言中写道："群众是真正的英雄，而我

---

① 《马克思恩格斯文集》第 2 卷，人民出版社 2009 年版，第 573 页。

② 《毛泽东文集》第 1 卷，人民出版社 1993 年版，第 37 页。

③ 《毛泽东选集》第 1 卷，人民出版社 1991 年版，第 21 页。

④ 《毛泽东选集》第 2 卷，人民出版社 1991 年版，第 692 页。

们自己则往往是幼稚可笑的，不了解这一点，就不能得到起码的知识。"① 几千年来被统治阶级视为只能"治于人"的"草民"，现在被视作革命的先锋和真正的英雄，在中国共产党的组织和领导下，竟然迸发出改天换地的伟大力量。

中国共产党真正把人民群众摆在至高无上的位置，因此才把人民群众紧紧地团结在党的周围。毛泽东多次指出，共产党"应该受人民的监督，而决不应该违背人民的意旨。它的党员应该站在民众之中，而决不应该站在民众之上"②；"如果把自己看作群众的主人，看作高踞于'下等人'头上的贵族，那末，不管他们有多大的才能，也是群众所不需要的，他们的工作是没有前途的"③；"我们共产党人好比种子，人民好比土地。我们到了一个地方，就要同那里的人民结合起来，在人民中间生根、开花"④。革命战争年代，人民军队不需要后勤部，千千万万老百姓就是后勤部；不需要野战医院，大娘的炕头就是野战医院。这是国民党的军队始终无法做到的，根本原因在于国民党只是把"人民"挂在嘴边，却没有真正放在心上。1945 年 6 月，毛泽东在党的七大闭幕词中指出："现在也有两座压在中国人民头上的大山，一座叫做帝国主义，一座叫做封建主义。中国共产党早就下了决心，要挖掉这两座山。我们一定要坚持下去，一定要不断地工作，我们也会感动上帝的。这个上帝不是别人，就是全中国的人民大众。全国人民大众一齐起来和我们一道挖这两座山，有什么挖不平呢？"⑤

---

① 《毛泽东选集》第 3 卷，人民出版社 1991 年版，第 790 页。
② 《毛泽东选集》第 3 卷，人民出版社 1991 年版，第 809 页。
③ 《毛泽东选集》第 3 卷，人民出版社 1991 年版，第 864 页。
④ 《毛泽东选集》第 4 卷，人民出版社 1991 年版，第 1162 页。
⑤ 《毛泽东选集》第 3 卷，人民出版社 1991 年版，第 1102 页。

把人民群众比作上帝，这是多么尊崇的地位和荣光！同年冬，诗人臧克家在《人民是什么》一诗中这样描述国统区的人民："人民是什么？人民是面旗子吗？用到，把它高高举着，用不到了，便把它卷起来。人民是什么？人民是一顶破毡帽吗？需要了，把它顶在头顶上，不需要的时候，把它踏在脚底下。人民是什么？人民是木偶吗？你挑着它，牵着它，叫它动它才动，叫它说话它才说话。人民是什么？人民是一个抽象名词吗？拿它做装潢'宣言'、'文告'的字眼，拿它做攻击敌人的矛和维护自己的盾牌。"可见，在当时的国统区，人民根本没有自由、自主可言，只是被统治者利用的"旗子""破毡帽""木偶"和"盾牌"罢了。新中国成立前夕，党中央从西柏坡搬到了北京郊区，当时警卫人员为了中央的安全，把附近的群众迁走了。毛泽东知道以后发了脾气：老百姓是"水"，共产党是"鱼"，你们把水都排了，鱼还有什么安全？还不得干死、饿死吗？这就是人民群众在党的领袖心中沉甸甸的分量。与国民党的表现相比较，也就不难看出民心向背，国民党必败、共产党必胜也就在情理之中了。中国人民就是这样在党的领导下，赶走了穷凶极恶的日本侵略者，推翻了腐败黑暗的国民党反动派统治，翻身作了国家的主人。开国大典上，毛泽东在天安门城楼高呼："人民万岁！同志们万岁！"游行的群众则高喊回应："毛主席万岁！共产党万岁！"这充分说明，党把人民真正放在了心上，人民也就把党放在了心上。

邓小平在看到党对人民群众的伟大领导作用的同时，把服务人民群众作为党能够领导人民群众的根本原因，因此他把党定位为"人民群众的全心全意的服务者"，认为党"没有超乎人民群众之上的权力"，"没有向人民群众实行恩赐、包办、强迫命令的权力"，"没有在人民群众头上称王称霸的权力"。① 他多次强调，中国共产党执政不是做官，而是要继续当好人民的勤务员，告诫党员干部不能把自己看作人民的主人，而是要把自己看作人民的公仆，并明确提出"领导就是服务"的理念。20 世纪 80 年代初，邓小平在给英国培格曼出版公司出版的文集作序时，满怀深情地写道："我是中国人民的儿子，我深情地爱着我的祖国和人民。"这质朴的语言，集中表达了党对人民地位的无上尊崇。世纪之交，江泽民把"对人民群众的态度问题和同人民群众的关系问题"作为政治问题的根本，要求领导干部要保持清醒头脑，"时刻摆正自己同人民群众的位置，时刻牢记为人民服务的宗旨，时刻警惕脱离群众的倾向"②。他指出，领导干部来自群众，是为群众工作和服务的，如果"做官当老爷"就从根本上丧失了当领导干部的资格。胡锦涛指出："每一个共产党员都要把人民放在心中最高位置，尊重人民主体地位，尊重人民首创精神，拜人民为师，把政治智慧的增长、执政本领的增强深深扎根于人民的创造性实践之中。"③ 他告诫领导干部，要"真正把人民群众当主人、当亲人、当老师""在任何时候任何情况下与人民群众同呼吸、共命运的立场不能变，全心全意为人民服务的宗旨不能忘，坚信人民群众是真正英雄的历史唯物主义观点不能丢"④。在中国共产党人一脉相承的精神世界里，人民始终是英雄、是主人、是亲人、是老师，党员干部始终是勤务员、是公仆、是学生，全心全意为人民服务是党始终如一的根本宗旨。

21 世纪初，时任福建省省长的习近平在一次接受专访时指出："对

①《邓小平文选》第 1 卷，人民出版社 1994 年版，第 218 页。
② 江泽民：《论党的建设》，中央文献出版社 2001 年版，第 281 页。
③《胡锦涛文选》第 3 卷，人民出版社 2016 年版，第 532 页。
④《胡锦涛文选》第 2 卷，人民出版社 2016 年版，第 552 页。

于我们共产党人来说，老百姓是我们的衣食父母。要像爱自己的父母那样爱老百姓，为老百姓谋利益，带老百姓奔好日子。"① 中国特色社会主义进入新时代，习近平总书记毫不吝啬地赞美中国人民的伟大，高度肯定人民创造历史、书写历史，并创造了中华民族延续数千年的文明进程。他强调："人民是历史的创造者，人民是真正的英雄。波澜壮阔的中华民族发展史是中国人民书写的！博大精深的中华文明是中国人民创造的！历久弥新的中华民族精神是中国人民培育的！中华民族迎来了从站起来、富起来到强起来的伟大飞跃是中国人民奋斗出来的！"② 他指出："坚持人民主体地位，充分调动人民积极性，始终是我们党立于不败之地的强大根基。在人民面前，我们永远是小学生，必须自觉拜人民为师，向能者求教，向智者问策；必须充分尊重人民所表达的意愿、所创造的经验、所拥有的权利、所发挥的作用。"③ 基于"人民是历史的创造者，是我们的力量源泉"的唯物主义世界观，党始终把人民放在心中最高的位置，把人民对美好生活的向往作为奋斗目标，以全心全意为人民服务为根本宗旨，与人民心心相印、与人民同甘共苦、与人民团结奋斗，发挥人民主人翁精神，带领久经磨难的中华民族迎来了从站起来、富起来到强起来的伟大飞跃。在庆祝中华人民共和国成立 70 周年大会上，习近平总书记在讲话结尾高呼："伟大的中华人民共和国万岁！伟大的中国共产党万岁！伟大的中国人民万岁！"生动诠释了"江山就是人民，人民就是江山"的鲜明价值立场，彰显了人民至高无上的地位。

---

① 《习近平谈治国理政》第 1 卷，外文出版社 2018 年版，第 432 页。
② 《习近平谈治国理政》第 3 卷，外文出版社 2020 年版，第 139 页。
③ 《习近平谈治国理政》第 1 卷，外文出版社 2018 年版，第 27 页。

第三节 人民利益至上

坚持人民利益至上，就是把人民利益放在第一位，全心全意为人民服务，一切为了人民，一切依靠人民，一切发展成果由人民共享，始终保持党同人民的血肉联系，实现好维护好发展好最广大人民的根本利益。马克思指出："人们为之奋斗的一切，都同他们的利益有关"①，""思想'一旦离开'利益'，就一定会使自己出丑"②。中国共产党团结带领人民进行革命、建设和改革，从来都不是为了一己私利，而是为了全中国人民的利益，党百年奋斗的根本目的，就是让人民过上好日子。

一、 始终代表最广大人民的根本利益

马克思、恩格斯在《共产党宣言》中明确指出："共产党人不是同其他工人政党相对立的特殊政党。他们没有任何同整个无产阶级的利益不同的利益。"③ 中国共产党是以马克思主义理论武装起来的完全新型的无产阶级革命政党，代表着中国工人阶级的利益，同时代表着中国广大人民和整个中华民族的利益。马克思主义政党的性质和宗

---

① 《马克思恩格斯全集》第1卷，人民出版社1995年版，第187页。
② 《马克思恩格斯文集》第1卷，人民出版社2009年版，第286页。
③ 《马克思恩格斯文集》第2卷，人民出版社2009年版，第44页。

旨，决定了中国共产党是为人民谋利益的党，代表的是中国最广大人民的根本利益。

中国共产党自诞生之日起，就始终不渝地坚持人民利益高于一切，把为最广大人民谋利益作为根本价值取向。党的一大通过的纲领提出推翻资本家阶级的政权、实现无产阶级专政、消灭资本家私有制的奋斗目标，一大通过的决议宣告中国共产党"只维护无产阶级的利益"，旗帜鲜明地表明了人民立场；党的二大提出，"中国共产党是中国无产阶级政党"，并"为工人和贫农的目前利益计"；党的三大指出，"拥护工人农民的自身利益，是我们不能一刻疏忽的"；党的七大将"中国共产党人必须具有全心全意为中国人民服务的精神"写入党章，这同时也是所有共产党人的座右铭，贯穿于党的百年奋斗历程。

毛泽东继承和发展了马克思主义建党学说，他明确指出，"共产党是为民族、为人民谋利益的政党，它本身决无私利可图"[1]"全心全意地为人民服务，一刻也不脱离群众；一切从人民的利益出发，而不是从个人或小集团的利益出发；向人民负责和向党的领导机关负责的一致性；这些就是我们的出发点"[2]。在他看来，中国共产党是人民群众为实现自身解放所选择的"领导工具"，党必须代表人民，为人民的利益工作，忠实地为人民办事，"共产党就是要奋斗，就是要全心全意为人民服务，不要半心半意或者三分之二的心三分之二的意为人民服务"[3]"共产党员无论何时何地都不应以个人利益放在第一位，而应以个人利益服从于民族的和人民群众的利益"[4]。邓小平认为，中

_____

[1]《毛泽东选集》第3卷，人民出版社1991年版，第809页。
[2]《毛泽东选集》第3卷，人民出版社1991年版，第1094—1095页。
[3]《毛泽东文集》第7卷，人民出版社1999年版，第285页。
[4]《毛泽东选集》第2卷，人民出版社1991年版，第522页。

国共产党是工人阶级和劳动人民中先进分子的集合体，是人民群众的全心全意的服务者，党的任务就是"反映人民群众的利益和意志，并且努力帮助人民群众组织起来，为自己的利益和意志而斗争"①。他把党员的含意或任务概括为两句话："全心全意为人民服务，一切以人民利益作为每一个党员的最高准绳。"② 江泽民指出，"我们党是代表人民执掌政权，党的全部活动都是为了保护和实现广大人民群众的利益"③"我们的一切工作，都必须以最广大人民群众的根本利益为出发点和落脚点"④。在此基础上，江泽民提出了"三个代表"重要思想，并进一步阐明："我们党要始终代表中国最广大人民的根本利益，就是党的理论、路线、纲领、方针、政策和各项工作，必须坚持把人民的根本利益作为出发点和归宿，充分发挥人民群众的积极性、主动性、创造性，在社会不断发展进步的基础上，使人民群众不断获得切实的经济、政治、文化利益。"⑤ 他告诫全党："绝不允许搞剥削阶级政党及其统治集团所追求的那种既得利益，也绝不能成为那样的既得利益集团。"⑥ 胡锦涛将"立党为公，执政为民"的执政理念归纳为"权为民所用、情为民所系、利为民所谋"，要求党员干部做到"为民、务实、清廉"。他将"以人为本"作为科学发展观的核心，指出"全心全意为人民服务是党的根本宗旨，党的一切奋斗和工作都是为了造福人民。要始终把实现好、维护好、发展好最广大人民的根本利

---

① 《邓小平文选》第 1 卷，人民出版社 1994 年版，第 218 页。
② 《邓小平文选》第 1 卷，人民出版社 1994 年版，第 257 页。
③ 中共中央文献研究室：《江泽民思想年编（1989—2008）》，中央文献出版社 2010 年版，第 150 页。
④ 江泽民：《论党的建设》，中央文献出版社 2001 年版，第 306 页。
⑤ 《江泽民文选》第 3 卷，人民出版社 2006 年版，第 279 页。
⑥ 《江泽民文选》第 3 卷，人民出版社 2006 年版，第 184 页。

益作为党和国家一切工作的出发点和落脚点，尊重人民主体地位，发挥人民首创精神，保障人民各项权益，走共同富裕道路，促进人的全面发展，做到发展为了人民、发展依靠人民、发展成果由人民共享"①，进一步丰富了为人民谋福利的内涵。

党的十八大以来，习近平总书记多次把"没有自己的特殊利益"作为马克思主义政党与其他政党的根本区别。他指出："我们党没有自己特殊的利益，党在任何时候都把群众利益放在第一位。这是我们党作为马克思主义政党区别于其他政党的显著标志。"② 在庆祝中国共产党成立 100 周年大会上的讲话中，习近平总书记指出："中国共产党始终代表最广大人民根本利益，与人民休戚与共、生死相依，没有任何自己特殊的利益，从来不代表任何利益集团、任何权势团体、任何特权阶层的利益。"③ 这充分表明，我们党决不允许搞封建依附，搞团团伙伙、帮帮派派，搞利益集团、进行利益交换，也决不允许搞特权，退化成只维护自身利益的特权官僚集团。我们党来自人民、根植人民，党的利益永远只有一个，那就是最广大人民的根本利益。

二、 永远保持同人民群众的血肉联系

2022 年 1 月 26 日，腊月二十四，习近平总书记冒雪到山西省考察调研，看望慰问受灾群众。在霍州市师庄乡冯南垣村村民师红兵家中，习近平同一家老小坐下来拉家常，亲切询问他们灾后重建的住房

---

① 《胡锦涛文选》第 2 卷，人民出版社 2016 年版，第 624 页。

② 《习近平在参加内蒙古代表团审议时强调：坚持人民至上，不断造福人民，把以人民为中心的发展思想落实到各项决策部署和实际工作之中》，《光明日报》2020 年 5 月 23 日。

③ 习近平：《在庆祝中国共产党成立 100 周年大会上的讲话》，《人民日报》2021 年 7 月 2 日。

质量好不好、年货置办齐了没有、还有什么困难。习近平像家人一样加入做年馍的队伍，亲手捏了一个枣花，并为面团点上红枣。小院里欢声笑语，其乐融融。在汾西县僧念镇段村村民蔡文明家中，习近平一一察看厨房、卧室和羊圈，详细询问家庭收入多少、生活怎么样。听说一家人2016年底脱贫后，如今靠养羊、外出务工日子越过越红火，习近平高兴地指出，让人民群众过上幸福生活，是我们党百年来的执着追求，我们要不忘初心、牢记使命，一代接着一代干。在村文化广场上，敲锣打鼓扭秧歌、庆佳节的村民看到总书记来了，不由得欢呼雀跃。习近平对乡亲们说，我们党的根本宗旨就是为人民群众办好事，为人民群众幸福生活拼搏、奉献、服务，让群众生活更上一层楼。像这样在每年农历新年到来之际，抽出时间深入基层、走村入户，看实情、听民声、问冷暖、送祝福，习近平总书记自从2013年以来从未间断，他的新春足迹踏遍甘肃、内蒙古、陕西、江西、河北、四川、北京、云南、贵州、山西等祖国各地，所到之处，用老百姓的话说，"总书记没有一点架子，到家里就跟走亲戚一样"，彰显了中国共产党人一以贯之同人民群众的血肉联系。

在井冈山革命博物馆中，陈列着一只棕色的陶罐，里面盛的是一罐已经发黑了的食盐。当时，井冈山斗争正处于物资匮乏、食盐紧缺时期，红军把缴获的食盐分给了村民，村民李尚发分到食盐后舍不得吃，保存了下来，以备红军不时之需。1959年，老人将这罐珍藏了31年的食盐捐给了博物馆。在"井冈名言录"的一块展板上，则记录着朱德当年在井冈山说过的一句话："我们要与群众有盐同咸，无盐同淡。"这一罐盐、一句话，正是红军与群众同甘共苦、鱼水情深的生动写照。面对国民党反动派的军事进攻和经济封锁，毛泽东带领根据地军民发展农业生产，创建军需工业，创办造币厂，设立公卖处，开展群众性的熬硝盐运动，解决生产生活中的困难，赢得了根据地人民群众的广泛拥护。在江西瑞金沙洲坝村，毛泽东为解决当地群众饮水问题带领军民所挖的"红井"至今仍然水清泉甘，见证着工农红军与群众的鱼水情谊。"苏区干部好作风，自带干粮去办公，日着草鞋干革命，夜打灯笼访贫农。"这首在苏区传唱的革命歌谣，充分表达了苏区群众对苏区干部的高度评价和赞颂之情，正是这种与人民群众的血肉联系，才使得红色割据政权在白色恐怖的缝隙中生存下来，才使得人民军队在浴血奋战中不断发展壮大。

延安时期，毛泽东把党群关系比作鱼水关系，共产党是鱼，老百姓是水，水里可以没有鱼，可是鱼永远也离不开水。因此，毛泽东时刻警惕各种教条主义、经验主义、命令主义、尾巴主义、宗派主义、官僚主义、骄傲自大的工作态度等脱离群众的倾向，要求党员干部和群众同吃同住同劳动，通过大生产运动自力更生、丰衣足食，减轻人民群众的负担，在旧窑洞中留下了"只见公仆不见官"的佳话。1938年，苏联摄影师罗曼·卡尔曼奉苏联政府之命来到中国报道抗战，在陕甘宁边区，他用摄像机拍成《毛泽东的工作一日》："一群刚从田地收工的农民，像朋友一样和毛泽东打招呼，停下来跟他说话，告诉他自己的需求。而毛泽东也自然地向农民询问一些事，并给他们出主意。农民们的脸上毫无惊讶的表情……大家都聚精会神地交谈着，经常爆发出阵阵愉快笑声。他们与毛泽东告别时和见面时一样随随便便，然后扛起铁锹，继续赶路。"中国共产党领袖与群众的鱼水情在卡尔曼的镜头中被真实地展现出来。1943年，毛泽东在全面抗战六周年时总结道："共产党员是一种特别的人，他们完全不谋私利，而只为民族与人民求福利。他们生根于人民之中，他们是人民的儿子，又是人民的教师，他们每时每刻地总是警戒着不要脱离群众，他们不论遇着何事，总是以群众的利益为考虑问题的出发点，因此他们就能获得广大人民群众的衷心拥护，这就是他们的事业必然获得胜利的根据。"①

中华人民共和国成立后，毛泽东继续告诫全党："同人民有福共享，有祸同当，这是我们过去干过的，为什么现在不能干呢？只要我们这样干了，就不会脱离群众。"② 邓小平强调："党必须密切联系群众和依靠群众，而不能脱离群众，不能站在群众之上；每一个党员必须养成为人民服务、向群众负责、遇事同群众商量和同群众共甘苦的工作作风。"③ 江泽民做出了"我们党的最大政治优势是密切联系群众，党执政后的最大危险是脱离群众"④ 的深刻论断，要求党员干部"下高楼、出深院"，为群众办实事，为群众排忧解难。胡锦涛要求："在密切联系群众上下功夫，深入基层、深入群众……了解群众疾苦，了解群众所思、所盼、所忧，做到人对人、面对面、手拉手、心连心做群众工作。"⑤ 习近平总书记在十八届中共中央政治局常委第一次集体亮相时即庄严宣告："我们一定要始终与人民心心相印、与人民同甘共苦、与人民团结奋斗，夙夜在公，勤勉工作，努力向历史、向人民交出一份合格的答卷。"⑥ 在二十届中共中央政治局常委同中外记者

① 《毛泽东文集》第 3 卷，人民出版社 1996 年版，第 47 页。
② 中共中央文献研究室：《毛泽东著作专题摘编》（下），中央文献出版社 2003 年版，第 2135 页。
③ 《邓小平文选》第 1 卷，人民出版社 1994 年版，第 217 页。
④ 《江泽民文选》第 3 卷，人民出版社 2006 年版，第 572 页。
⑤ 中共中央文献研究室：《十七大以来重要文献选编》（中），中央文献出版社 2011 年版，第 1014 页。
⑥ 《习近平谈治国理政》第 1 卷，外文出版社 2018 年版，第 5 页。

见面会上，习近平总书记再次重申："新征程上，我们要始终坚持一切为了人民、一切依靠人民……始终与人民风雨同舟、与人民心心相印，想人民之所想，行人民之所嘱，不断把人民对美好生活的向往变为现实。"① 人民永远是我们党执政的最坚实的依托和最强大的底气，党的一代又一代领导人就是这样以"赶考"的姿态，始终保持与人民的血肉联系，始终同人民想在一起、干在一起。

一百年来，从开创群众路线到数次整风运动，再到党的群众路线教育实践活动、"不忘初心、牢记使命"主题教育、党史学习教育，我们党始终都在警醒自己一刻也不能脱离人民群众，始终都保持同人民群众的血肉联系，党心与民心交融激荡，汇聚成前行路上坚不可摧的磅礴力量，映照出百年来铸就的牢不可破的党群关系。

三、 把人民对美好生活的向往作为奋斗目标

1932 年底，商务印书馆主办的《东方杂志》发起了一场"于1933 年新年大家做一回好梦"的"征梦"活动，旨在征求两个问题的答案：第一，先生梦想中的未来中国是怎样？第二，先生个人生活中有什么梦想？1933 年出版的《东方杂志》头两期，以大篇幅刊出了 144 人的"梦想"。柳亚子写道："我梦想中的未来世界，是一个社会主义的大同世界。"郑振铎梦想的未来中国，"将是一个伟大的快乐的国土。因了我们的努力，我们将会把若干年帝国主义者们所给予我们的创痕与血迹，医涤得干干净净。我们将不再见什么帝国主义者们

---

① 《习近平在二十届中共中央政治局常委同中外记者见面时强调 始终坚持一切为了人民一切依靠人民 以中国式现代化全面推进中华民族伟大复兴》，《人民日报》2022 年 10 月 24 日。

的兵舰与军队在中国内地及海边停留着。我们将建设了一个伟大的社会主义的国家；个人为了群众而生存，群众也为了个人而生存。军阀的争斗，饥饿，水灾，以及一切苦难，都将成为过去的一梦"。巴金的梦想是："每个家庭都有住宅，每个口都有面包，每个心都受教育，每个智慧都得着光明。"叶圣陶的梦想是："个个人有饭吃，个个人有工作做；凡所吃的饭绝不是什么人的膏血，凡所做的工作绝不为充塞一个两个人的大肚皮。"邹韬奋所梦想的未来中国，"是个共劳共享的平等的社会""没有帝国主义者，没有军阀，没有官僚，没有资本家，没有男盗，没有女娼，当然更没有乞丐，连现在众所认为好东西的慈善机关及储蓄银行等等都不需要，因为用不着受人哀怜与施与，也用不着储蓄以备后患"。林语堂梦想"国中有小小一片的不打仗，无苛税，换门牌不要钱，人民不必跑入租界而可以安居乐业的干净土"。施蛰存梦想的未来中国，"是一个太平的国家，富足，强盛""国人走到外国去不被轻视，外国人走到中国来，让我们敢骂一声'洋鬼子'——你知道，先生，现在是不敢骂的"①。今天，我们回头再看那个时代知识分子的梦想，虽有的宏大，有的具体，但大部分都已经变成了现实，有些甚至远远超过了他们当初的预期。而所有这些，都是中国共产党带领中国人民一步一个脚印拼出来、闯出来、干出来的。

中国共产党团结带领人民进行革命、建设、改革，就是为了让人民过上好日子。马克思和恩格斯指出："人们为了能够'创造历史'，必须能够生活。但是为了生活，首先就需要吃喝住穿以及其他一些东

---

① 参看阚和庆编：《八十年前的中国梦：一九三三年〈东方杂志〉中国梦主题征文选》，人民出版社2014年版。

西。因此第一个历史活动就是生产满足这些需要的资料，即生产物质生活本身。"① 我们党"让人民过上好日子"，不仅关注人民群众的根本利益、长远利益，而且关注人民群众的现实利益。在革命战争年代，毛泽东要求党和人民军队关心群众的痛痒，真心实意地为群众谋利益，帮助人民具体地而不是讲空话地去解决问题，"一切空话都是无用的，必须给人民以看得见的物质福利"②。因此，大到土地、劳动问题，小到耕牛、农具、种子、肥料以至柴米油盐问题，都成为党和人民军队服务人民的具体内容。改革开放初期，邓小平有感于人民生活的贫困，做出了"贫穷不是社会主义"的深刻论断，强调"我们一定要根据现在的有利条件加速发展生产力，使人民的物质生活好一些，使人民的文化生活、精神面貌好一些"③，坚持物质文明和精神文明建设"两手抓，两手都要硬"，把满足人民日益增长的物质文化需要提上了重要议事日程。经过改革开放以来的发展，从强调"两手抓"到"三位一体""四位一体"总体布局，社会主义经济建设、政治建设、文化建设和社会建设焕发出勃勃生机和活力，我国经济实力、科技实力、国防实力、综合国力进入世界前列，国际地位实现了前所未有的提升，人民的物质利益、政治权利、文化权益、社会地位得到了极大改善和提高。同时，人民对美好生活的需要也更加广泛，于是又加入生态文明建设而拓展为"五位一体"总体布局。习近平总书记在十八届中共中央政治局常委首次亮相时饱含深情地讲："我们的人民热爱生活，期盼有更好的教育、更稳定的工作、更满意的收

---

① 《马克思恩格斯文集》第 1 卷，人民出版社 2009 年版，第 531 页。
② 《毛泽东文集》第 2 卷，人民出版社 1993 年版，第 467 页。
③ 《邓小平文选》第 2 卷，人民出版社 1994 年版，第 128 页。

入、更可靠的社会保障、更高水平的医疗卫生服务、更舒适的居住条件、更优美的环境，期盼孩子们能成长得更好、工作得更好、生活得更好。人民对美好生活的向往，就是我们的奋斗目标。"① 这是党的最高领袖对人民群众所想所需的准确把握，也是对全国人民做出的庄严许诺。党的十九大依据中国特色社会主义进入新时代的情况变化，做出了"我国社会主要矛盾已经转化为人民日益增长的美好生活需要和不平衡不充分的发展之间的矛盾"② 的论断，着力在"有没有"的基础上解决"好不好"的问题，人民群众对物质文化生活的更高要求，对民主、法治、公平、正义、安全、环境等方面的新的需求，甚至连垃圾分类、公厕革命，都成为党的最高领导人的心心挂念。百年征程波澜壮阔，党和人民群众早已如血和肉、鱼和水、种子和土地一般不可分割。人民群众为什么愿意跟着中国共产党走？基本道理只有一个，就是我们党把人民对美好生活的向往作为奋斗目标，切切实实地解决了中国在发展中遇到的问题，实实在在地为中国人民谋幸福、为中华民族谋复兴。

第四节 人民标准至上

坚持人民标准至上，就是以人民利益为评判尺度，以人民群众为评判主体，来衡量党的路线方针政策和实践活动是否符合人民利益，

---

① 《习近平谈治国理政》第 1 卷，外文出版社 2018 年版，第 4 页。
② 《习近平谈治国理政》第 3 卷，外文出版社 2021 年版，第 9 页。

是否得到人民群众的拥护和赞成，并根据人民的评判坚持真理、修正错误，确保党不变质、不变色、不变味，始终成为坚强领导核心。虽然"实践是检验真理的唯一标准"，但因为实践终究是人民群众的实践，最终的评判者依然是人民，所以人民标准与实践标准并不矛盾，而是具有内在联系且高度统一的。

一、 人民利益是评判尺度

中国共产党的性质和宗旨，决定了我们党始终把人民的利益放在第一位，并以是否符合人民利益作为检验党的一切执政活动的最高标准。毛泽东强调，"共产党人的一切言论行动，必须以合乎最广大人民群众的最大利益，为最广大人民群众所拥护为最高标准"[①] "我们的责任，是向人民负责。每句话，每个行动，每项政策，都要适合人民的利益"[②]。邓小平指出："中国共产党员的含意或任务，如果用概括的语言来说，只有两句话：全心全意为人民服务，一切以人民利益作为每一个党员的最高准绳。"[③] 1992 年，这位已至耄耋之年的老人针对党内和国内不少人在改革开放问题上的思想顾虑，在南方谈话中提出了著名的"三个有利于"标准，即判断改革开放中一切工作的得失、是非、成败，"应该主要看是否有利于发展社会主义社会的生产力，是否有利于增强社会主义国家的综合国力，是否有利于提高人民的生活水平"[④]。"三个有利于"的判断标准，兼顾了社会、国家、人

①《毛泽东选集》第 3 卷，人民出版社 1991 年版，第 1096 页。
②《毛泽东选集》第 4 卷，人民出版社 1991 年版，第 1128 页。
③《邓小平文选》第 1 卷，人民出版社 1994 年版，第 257 页。
④《邓小平文选》第 3 卷，人民出版社 1993 年版，第 372 页。

民三方面的利益，把生产力标准、政治标准、人民利益标准结合为一体，从理论上深刻回答了长期困扰和束缚人们思想的许多重大问题，推动了我国改革开放和社会主义现代化建设事业进入一个新的阶段。进入新世纪，江泽民从全面总结党的历史经验以及适应新形势新任务的要求出发，提出了"三个代表"重要思想，即中国共产党始终代表中国先进生产力的发展要求、始终代表中国先进文化的前进方向、始终代表中国最广大人民的根本利益。这里虽然没有使用"标准"一词，但清晰地表明了"三个代表"是检验和判断我们党在历史发展进程中所起的作用、党自身建设和治国理政成败得失的根本标准。在庆祝中国共产党成立八十周年大会上，江泽民进一步指出："人民群众是先进生产力和先进文化的创造主体，也是实现自身利益的根本力量。不断发展先进生产力和先进文化，归根到底都是为了满足人民群众日益增长的物质文化生活需要，不断实现最广大人民的根本利益。"① 无论是发展先进生产力，还是创造先进文化，其出发点和落脚点都是为了实现最广大人民的根本利益。胡锦涛从保持同人民群众的血肉联系、牢固树立群众观点和公仆意识的角度出发，要求"把群众呼声作为第一信号，把群众需要作为第一选择，把群众满意作为第一标准，切实保障人民权益"②，同样表达了人民群众利益作为评判尺度的核心要义。

习近平总书记继承和发展了人民利益作为评判尺度的历史经验。2013 年，他在纪念毛泽东同志诞辰 120 周年座谈会上，旗帜鲜明地强调了人民利益标准："党的一切工作，必须以最广大人民根本利益为

---

① 《江泽民文选》第 3 卷，人民出版社 2006 年版，第 281 页。
② 《胡锦涛文选》第 3 卷，人民出版社 2016 年版，第 50 页。

最高标准。检验我们一切工作的成效，最终都要看人民是否真正得到了实惠，人民生活是否真正得到了改善，人民权益是否真正得到了保障。"① 2016 年，他在纪念红军长征胜利 80 周年大会上，把"为什么人、靠什么人"的问题比作"检验一个政党、一个政权性质的试金石"，要求在新的长征路上，"始终把人民立场作为根本政治立场，把人民利益摆在至高无上的地位，不断把为人民造福事业推向前进"②。2017 年，在党的十九届一中全会上，习近平总书记再次明确要求："我们要始终以实现好、维护好、发展好最广大人民根本利益为最高标准，带领人民创造美好生活，让改革发展成果更多更公平惠及全体人民，使人民获得感、幸福感、安全感更加充实、更有保障、更可持续，朝着实现全体人民共同富裕不断迈进。"③ 一百多年来，我们党就是这样把人民利益看作实践评判的"最高标准""最高准绳""第一位置"和"试金石"，以实现好、维护好、发展好最广大人民的根本利益来评判党的工作，从而真正成为人民利益的代表。

二、 人民群众是评判主体

人民是历史的创造者、亲历者，更是历史活动的体验者、评判者。一切政党和政府的路线方针、政治主张和实践效果，都应在历史发展和实践活动中得到评判，而人民就是这一评判的唯一主体，只有人民群众最有发言权。毛泽东把"为最广大人民群众所拥护"作为衡

① 《习近平谈治国理政》第 1 卷，外文出版社 2018 年版，第 28 页。
② 《习近平谈治国理政》第 1 卷，外文出版社 2017 年版，第 52 页。
③ 《习近平在党的十九届一中全会上的讲话》，《求是》2018 年第 1 期。

量共产党人一切言论和行动的最高标准，确立了"一切为了群众，一切依靠群众，从群众中来，到群众中去"的群众路线。邓小平认为："凡是符合最大多数人的根本利益，受到广大人民拥护的事情，不论前进的道路上还有多少困难，一定会得到成功。"① 因此他反复强调，要把人民拥护不拥护、赞成不赞成、高兴不高兴、答应不答应作为我们党制定方针政策和做出决断的出发点和归宿。江泽民继承了邓小平这一思想，指出"我们想事情，做工作，想得对不对，做得好不好，要有一个根本的衡量尺度，这就是人民拥护不拥护，人民赞成不赞成，人民高兴不高兴，人民答应不答应"②。他更加明确地提出："人民，只有人民，才是我们工作价值的最高裁决者。"③ 胡锦涛从"人民群众是推动科学发展的主体"的角度指出，"科学发展取得了多大成效、是否真正实现了，人民群众感受最真切、判断最准确"④，明确要求衡量发展成效要由人民群众来评判。

习近平总书记不但坚持了"真正让人民来评判我们的工作"的思想，而且在治国理政的各领域发展了这一思想。他强调："我们党的执政水平和执政成效都不是由自己说了算，必须而且只能由人民来评判。人民是我们党的工作的最高裁决者和最终评判者。如果自诩高明、脱离了人民，或者凌驾于人民之上，就必将被人民所抛弃。任何政党都是如此，这是历史发展的铁律，古今中外概莫能外。"⑤ 针对一些西方国家质疑中国特色社会主义道路，习近平总书记援引"鞋子合

① 《邓小平文选》第 3 卷，人民出版社 1993 年版，第 142 页。
② 江泽民：《论党的建设》，中央文献出版社 2001 年版，第 193—194 页。
③ 江泽民：《论党的建设》，中央文献出版社 2001 年版，第 181 页。
④ 中共中央文献研究室：《十七大以来重要文献选编》（上），中央文献出版社 2009 年版，第 579 页。
⑤ 《习近平谈治国理政》第 1 卷，外文出版社 2018 年版，第 28 页。

不合脚，自己穿了才知道"的谚语，来说明"一个国家的发展道路合不合适，只有这个国家的人民才最有发言权"。① 针对一些西方国家抹黑我国民主政体，习近平总书记指出："一个国家民主不民主，要由这个国家的人民来评判，而不能由少数人说了算！"② 针对台湾问题，他指出："60 多年来，两岸走上不同发展道路，实行不同社会制度。道路和制度效果如何，要由历史去检验，让人民来评判。"③ 论及司法体制改革，他说："司法体制改革必须为了人民、依靠人民、造福人民。司法体制改革成效如何，说一千道一万，要由人民来评判，归根到底要看司法公信力是不是提高了。"④ 谈到法治领域改革，他指出："要把解决了多少实际问题、人民群众对问题解决的满意度作为评价改革成效的标准。"⑤ 谈到文艺创作，他要求"把满足人民精神文化需求作为文艺和文艺工作的出发点和落脚点，把人民作为文艺表现的主体，把人民作为文艺审美的鉴赏家和评判者，把为人民服务作为文艺工作者的天职"⑥，指出"一部好的作品，应该是经得起人民评价、专家评价、市场检验的作品"⑦。在干部选人用人工作上，他要求"把干部干了什么事、干了多少事、干的事群众认不认可作为选拔干部的根本依据"⑧，选拔任用敢于负责、勇于担当、善于作为、实绩突出的干部。习近平总书记还做出了"时代是出卷人，我们是答卷人，

---

① 《习近平谈治国理政》第 1 卷，外文出版社 2018 年版，第 273 页。
② 《习近平出席中国共产党与世界政党领导人峰会并发表主旨讲话》，《人民日报》2021 年 7 月 7 日。
③ 《习近平谈治国理政》第 2 卷，外文出版社 2018 年版，第 430 页。
④ 《习近平谈治国理政》第 2 卷，外文出版社 2018 年版，第 131 页。
⑤ 《习近平谈治国理政》第 2 卷，外文出版社 2018 年版，第 124 页。
⑥ 《习近平谈治国理政》第 2 卷，外文出版社 2018 年版，第 314—315 页。
⑦ 《习近平谈治国理政》第 2 卷，外文出版社 2018 年版，第 320 页。
⑧ 习近平：《在全国组织工作会议上的讲话》，人民出版社 2018 年版，第 23 页。

人民是阅卷人"的重要论述，多次强调"创造经得起实践、人民、历史检验的实绩"。虽然时代之卷常新，但中国共产党人为人民答卷、由人民阅卷的坚持始终没有变。

三、 依据人民标准坚持真理、 改正错误

1945 年 7 月，著名爱国民主人士黄炎培先生来到革命圣地延安，在一个简陋的窑洞里，和毛泽东展开了一场著名的"窑洞对"。黄炎培说：我生六十多年，耳闻的不说，所亲眼看到的，真所谓"其兴也勃焉"，"其亡也忽焉"，一人，一家，一团体，一地方，乃至一国，不少单位都没有能跳出这周期率的支配力。一部历史，"政怠宦成"的也有，"人亡政息"的也有，"求荣取辱"的也有，总之没有能跳出这周期率。中共诸君从过去到现在，我略略了解的了，就是希望找出一条新路，来跳出这周期率的支配。毛泽东说：我们已经找到新路，我们能跳出这周期率。这条新路，就是民主。只有让人民来监督政府，政府才不敢松懈。只有人人起来负责，才不会人亡政息。这一席话，让黄炎培对中国共产党大为敬佩。后来，他打破自己一生不做官的原则，出任了新中国政务院副总理兼轻工业部部长，他对家人解释道：以往坚拒做官是不愿入污泥，今天是中国共产党领导下的人民政府，我做的是人民的官呵！中国共产党坚持人民至上，不仅仅把人民利益作为评判尺度、把人民群众作为评判主体，更重要的是敢于接受人民监督，从人民根本利益出发去检视自己的缺点和错误，发现和解决问题，承认并改正错误。这一点，也只有没有私利诉求、没有特殊利益，立党为公、执政为民的马克思主义政党才有勇气做到。

1944 年，毛泽东在延安中央警备团战士张思德追悼会上发表的《为人民服务》的著名演讲中指出："因为我们是为人民服务的，所以，我们如果有缺点，就不怕别人批评指出。不管是什么人，谁向我们指出都行。只要你说得对，我们就改正。你说的办法对人民有好处，我们就照你的办……只要我们为人民的利益坚持好的，为人民的利益改正错的，我们这个队伍就一定会兴旺起来。"① 1945 年，他在《论联合政府》中指出："共产党人必须随时准备坚持真理，因为任何真理都是符合于人民利益的；共产党人必须随时准备修正错误，因为任何错误都是不符合于人民利益的。"② 表明了我们党坚守人民利益直面问题、改正错误的鲜明态度与坚定决心。在毛泽东看来，马克思主义者把"坚持真理，随时修正错误"作为座右铭，惧怕群众指出错误就不是真正的马克思主义者。邓小平指出："一个革命政党，就怕听不到人民的声音，最可怕的是鸦雀无声。"③ 他要求"坚决批评和纠正各种脱离群众、对群众疾苦不闻不问的错误"④。江泽民要求全党克服官僚主义和形式主义，深入基层和群众，体察群众的冷暖疾苦，了解群众的所思所想，以"三个代表"为标尺，"符合的就毫不动摇地坚持，不完全符合、需要调整补充的就积极调整补充，不符合的就勇于实事求是地纠正"⑤。胡锦涛要求各级国家机关和工作人员，"必须自觉接受人民群众监督，必须不断改正工作中的缺点和错误，坚决

---

① 《毛泽东选集》第 3 卷，人民出版社 1991 年版，第 1004—1005 页。
② 《毛泽东选集》第 3 卷，人民出版社 1991 年版，第 1095 页。
③ 《邓小平文选》第 2 卷，人民出版社 1994 年版，第 144—145 页。
④ 《邓小平文选》第 2 卷，人民出版社 1994 年版，第 368 页。
⑤ 《江泽民文选》第 3 卷，人民出版社 2006 年版，第 26 页。

反对脱离人民群众的形式主义、官僚主义，坚决同各种腐败现象作斗争"①。习近平总书记把能否正确对待并自觉接受党和人民监督作为衡量领导干部党性修养水平的重要尺度，要求必须随时准备坚持真理、随时准备修正错误，"凡是有利于党和人民事业的，就坚决干、加油干、一刻不停歇地干；凡是不利于党和人民事业的，就坚决改、彻底改、一刻不耽误地改"②。针对互联网技术发展带来的新变化，习近平总书记要求群众在哪儿，领导干部就要到哪儿去，要学会通过网络走群众路线，"对网上那些出于善意的批评，对互联网监督，不论是对党和政府工作提的还是对领导干部个人提的，不论是和风细雨的还是忠言逆耳的，我们不仅要欢迎，而且要认真研究和吸取"③。群众的声音不全是赞许之声，也不乏批评的意见，我们党向来都是本着洗耳恭听、闻过则喜，有则改之、无则加勉的态度认真对待。

人都会犯错误，一个政党同样也不例外。百年来，我们党在领导中国人民追求民族复兴的道路上也犯过很多错误，有时甚至是很严重的错误，但贵在能及时发现错误、纠正错误并不断赢得新的胜利。从纠正大革命时期、第五次反"围剿"时期的错误路线，到走出新中国成立后"大跃进"和人民公社化运动的弯路，再到粉碎"四人帮"、拉开改革开放的帷幕，我们党就是这样采取辩证唯物主义的根本立场、坚持人民至上的价值理念，通过纠正错误使党和人民的事业转危为安、转败为胜的。总结党的百年奋斗经验，习近平总书记指出"敢于直面问题、勇于修正错误，是我们党的显著特点和优势"④，并向全

---

① 《胡锦涛文选》第2卷，人民出版社2016年版，第232页。

② 中共中央文献研究室：《十八大以来重要文献选编》（中），中央文献出版社2016年版，第678页。

③ 《习近平谈治国理政》第2卷，外文出版社2017年版，第337页。

④ 《习近平谈治国理政》第3卷，外文出版社2020年版，第541页。

党发出了"坚定不移推进党的伟大自我革命"的号召，以猛药去疴、重典治乱的决心和刮骨疗毒、壮士断腕的勇气全面从严治党，必将赢得人民群众更广泛的衷心拥护，不断夺取新时代中国特色社会主义的更大胜利。

第三章

人民至上的百年实践

在中国共产党的百年奋斗历程中，党始终牢记根基在人民、血脉在人民、力量在人民，时刻不忘与人民心心相印、与人民同甘共苦、与人民团结奋斗。在一定意义上，一部中国共产党的历史，就是一部党与人民心连心、同呼吸、共命运的奋斗史。也正是由于坚持了人民至上的价值立场，我们党才赢得了最广大人民的信任与支持，汇聚起无坚不摧、无往不胜的磅礴力量。

第一节　在新民主主义革命中坚持人民至上

1919 年爆发的五四运动，标志着中国新民主主义革命的开端。在这场无产阶级领导的，人民大众的，反对帝国主义、封建主义、官僚资本主义的伟大革命中，中国共产党坚持人民至上的价值坐标，紧紧依靠和团结带领人民，经过 28 年浴血奋战，实现了民族独立、人民解放，创造了新民主主义革命的伟大成就。

一、 汇聚人民力量夺取革命胜利

俄国十月革命的胜利，让一批具有共产主义觉悟的知识分子看到在一个落后的东方国家，通过暴力革命夺取政权、建立社会主义制度的可行性。他们坚信，无产阶级作为受压迫最重、革命性最强的一个阶级，只要被唤醒并激发出力量，就能带领中国人民摆脱被欺凌、被奴役的命运。由于十月革命的主要力量是工人，因此中国共产党在成立初期，就借鉴俄国经验，把主要精力集中在宣传革命和发动工人运动上。在中国共产党领导下，以 1922 年 1 月香港海员罢工为起点，以 1923 年 2 月京汉铁路工人罢工为终点，中国工人阶级掀起了第一次罢工高潮，在短短 13 个月的时间内，开展罢工斗争达 100 多次，参与工人达 30 万人以上，彰显了中国工人阶级坚定的革命性和坚强的战斗力。党通过领导这一时期的斗争，进一步密切了同工人阶级的联系，同时也从反动军警对罢工斗争的残酷镇压中，看到了中国革命的敌人异常强大，仅仅依靠无产阶级孤军奋战是不够的，必须利用一切可能的机会，争取一切可能的同盟者，并开展武装的革命斗争。

事实上，党在成立之初，就认识到中国是一个农业大国，工业发展比较落后，工人阶级的力量还不够强大，革命要想成功，就必须发动在社会人口中占绝大多数的农民起来一同革命。因此，1921 年党的一大通过的纲领即明确提出"革命军队必须与无产阶级一起推翻资本家阶级的政权，必须支援工人阶级，直到社会的阶级区分消除为止"，"把工农劳动者和士兵组织起来，并承认党的根本政治目的是实行社会革命"①。1922 年党的二大通过的宣言指出："中国三万万的农民，乃是革命运动中的最大要素。"② 二大组织章程进一步指出，中国共产党不是"知识者所组织的马克思学会"，也不是"少数共产主义者离开群众之空想的革命团体"，而"应当是无产阶级中最有革命精神的大群众组织起来为无产阶级之利益而奋斗的政党，为无产阶级做革命运动的急先锋"；既然是为无产群众奋斗的政党，就要"到群众中去"，组成一个大的"群众党"，并且"党的一切运动都必须深入到广大的群众里面去"。③ 二大通过的《关于"民主的联合战线"的议决案》，进一步阐明了"到群众中去"的方法，即建立一个以共产党、国民党及社会主义青年团为主体，包括民主主义左派联盟、工会、农民团体、商人团体、职教员联合会、学生会、妇女参政同盟团

---

① 中共中央文献研究室：《建党以来重要文献选编（1921—1949）》第 1 册，中央文献出版社 2011 年版，第 1 页。

② 中共中央文献研究室：《建党以来重要文献选编（1921—1949）》第 1 册，中央文献出版社 2011 年版，第 131 页。

③ 中共中央文献研究室：《建党以来重要文献选编（1921—1949）》第 1 册，中央文献出版社 2011 年版，第 162 页。

体、律师公会、新闻记者团体等在内的"民主主义大同盟"。① 这一设想，反映了党对中国革命形势和革命力量的客观估计，包含着发动工农群众、团结其他社会阶层共同革命的政治主张。

始于 1924 年初的第一次国共合作，促进了工农运动的恢复和发展。1924 年 7 月，国民党接受林伯渠、彭湃等人的提议，在广州创办农民运动讲习所。讲习所先后由共产党人彭湃、阮啸仙、毛泽东等主持，至 1926 年 9 月共开办六届，培养了一大批农民运动的骨干。1925年 5 月，中国共产党在广州召开第二次全国劳动大会，成立中华全国总工会，实现了全国工人运动在政治上、组织上的团结统一，迎来了工人运动的新高潮。1925 年 11 月召开的中共四大，强调中国革命需要工人、农民及城市中小资产阶级普遍的参加，阐明了农民是无产阶级同盟军的思想，指出如果没有农民的支持，"我们希望中国革命成功以及在民族运动中取得领导地位，都是不可能的"②。中国共产党领导的工农革命斗争迅猛开展，打击了帝国主义势力和封建军阀的反动统治，也引起了同地主豪绅有着千丝万缕联系的国民党右派的恐慌。1927 年 4 月 12 日，蒋介石在上海举起屠刀，发动了四一二反革命政变，残酷屠杀共产党人和革命群众。同年 7 月 15 日，汪精卫在武汉召开"分共"会议，决定与共产党决裂，标志着第一次国共合作完全破裂，轰轰烈烈的国民大革命以失败而告终。

在党和革命事业前途命运面临严重危机之际，1927 年 8 月 1 日，周恩来、贺龙等领导的南昌起义，打响了武装反抗国民党反动派的第

---

① 参见中共中央文献研究室：《建党以来重要文献选编（1921—1949）》第 1 册，中央文献出版社 2011年版，第 140 页。

② 中共中央文献研究室：《建党以来重要文献选编（1921—1949）》第 2 册，中央文献出版社 2011 年版，第 239 页。

一枪。8 月 7 日，中共中央在汉口召开紧急会议，批判和纠正了陈独秀右倾机会主义错误并撤销了其党内职务，选出了新的临时中央政治局，确定了土地革命和武装斗争的总方针。党从大革命失败的痛苦经历中获得了极为深刻的经验教训，八七会议后，先后领导了秋收起义、广州起义、平江起义、百色起义、黄麻起义、湘西起义等上百次武装起义，有力地回击了国民党反动派的屠杀政策，鼓舞了中国人民的革命斗志。然而由于指导思想的错误和共产国际的干涉，这些武装起义脱离了中国作为半殖民地半封建的农业大国的国情，一味主张进攻和夺取中心城市，先后都遭到了失败。其间，毛泽东率领秋收起义部队进军井冈山，创建了第一个实行工农武装割据的农村革命根据地，开辟了一条以农村包围城市的崭新革命道路。

1928 年 6 月 18 日至 7 月 11 日，在莫斯科召开的中共六大总结了大革命失败以来的经验教训，指出当前党的中心工作不是千方百计地组织暴动，而是做艰苦的群众工作，积蓄力量。大会明确提出："党的总路线是争取群众，党要用一切力量去加紧团结收集统一无产阶级的群众，使他们围绕党的主要口号，做极巨大的组织工作，以巩固革命工会、农民协会，尽可能的领导日常经济政治斗争，以发展工农群众组织。"[①] 1929 年 9 月，中共中央给红军第四军前委的指示信（即"九月来信"）也强调，党的各项工作都要"经过群众路线"。以毛泽东为代表的共产党人在反"围剿"的艰苦环境中，进一步深化了对中国革命力量的认识，提出了"到群众中作实际调查"、"党决不能脱离群众"、"宣传群众、组织群众、武装群众"、"真正的铜墙铁壁是

---

① 中共中央文献研究室：《建党以来重要文献选编（1921—1949）》第 5 册，中央文献出版社 2011 年版，第 390 页。

群众"、苏维埃"是工农的政府"等一系列群众路线观点，并在人民群众的支持下先后粉碎了国民党反动派对中央苏区发动的四次"围剿"。1933 年 9 月，蒋介石调集约 100 万兵力，采取"堡垒主义"新战略，对中央革命根据地进行第五次大规模"围剿"。由于当时"左"倾教条主义已在红军中占据统治地位，苏区在政治上发生了"肃反"扩大化和查田运动的"左"倾错误，破坏了良好的党群关系，在军事上用阵地战代替游击战和运动战、用所谓"正规"战争代替人民战争，红军经过一年苦战终未取胜，被迫进行战略转移。

抗日战争期间，张闻天指出："要实现革命的理想，一定要依靠于一定的社会的力量，这社会的力量就是千千万万的群众。"① 毛泽东把依靠人民群众、进行人民战争作为基点，在《论持久战》一文中论述了"兵民是胜利之本"的著名观点。1942 年 5 月，毛泽东在延安文艺座谈会上的讲话中提出："什么是人民大众呢？最广大的人民，占全人口百分之九十以上的人民，是工人、农民、兵士和城市小资产阶级。所以我们的文艺，第一是为工人的，这是领导革命的阶级。第二是为农民的，他们是革命中最广大最坚决的同盟军。第三是为武装起来了的工人农民即八路军、新四军和其他人民武装队伍的，这是革命战争的主力。第四是为城市小资产阶级劳动群众和知识分子的，他们也是革命的同盟者，他们是能够长期地和我们合作的。这四种人，就是中华民族的最大部分，就是最广大的人民大众。"② 这里虽然讲的是文艺工作的服务对象，但是也指明了中国革命的主要依靠力量。正

---

① 中共中央文献研究室：《建党以来重要文献选编（1921—1949）》第 15 册，中央文献出版社 2011 年版，第 247 页。

②《毛泽东选集》第 3 卷，人民出版社 1991 年版，第 855—856 页。

是以这些"人民大众"的力量为基础，中国共产党促成建立了最广泛的抗日民族统一战线，把中国人民空前紧密地凝聚在一起，最大限度地调动起全国人民的爱国热情和救国力量。在中共领导的敌后抗日根据地，不仅有大量人力、物力、畜力支援前线，而且有大批青年踊跃参军参战。在国统区，人民群众以服兵役、力役、劳军、献金、纳粮等方式，支援前方抗战。在沦陷区，人民群众以各种形式同侵略者展开不屈不挠的斗争，爱国知识分子或以笔为枪，在思想文化战线开展反对日本帝国主义的斗争，或投笔从戎，奔赴血与火的战场；爱国实业家抱定"决不以厂资敌"的决心，克服重重困难将工厂迁往内地，为发展大后方经济、积聚抗战经济实力做出了重要贡献。陈嘉庚、司徒美堂等众多华人华侨，也纷纷以经济支援、办刊声援、回国参战等多种方式投入到抗日战争的滚滚洪流之中。1939 年，朱自清在纪念七七事变的《这一天》中写道："东亚病夫居然奋起了，睡狮果然醒了。从前只是一大块沃土，一大盘散沙的死中国，现在是有血有肉的活中国了。"在中国共产党的领导下，在这场殊死较量和斗争中，中国人民终于赢得了近代以来抗击外敌入侵的第一次完全胜利，百年国耻一朝荡尽。

抗战胜利后，蒋介石为了实现自己的独裁统治，依仗优势兵力、装备和美帝国主义的支持，公然撕毁国共双方和平协议，悍然挑起内战，使渴望和平的中国人民又一次陷于战火之中。此时的毛泽东做出了"一切反动派都是纸老虎"的著名论断，一针见血地指出"真正强大的力量不是属于反动派，而是属于人民"①，"蒋介石军事力量的优势，只是暂时的现象，只是临时起作用的因素；美国帝国主义的援

①《毛泽东选集》第 4 卷，人民出版社 1991 年版，第 1195 页。

助，也只是临时起作用的因素；蒋介石战争的反人民的性质，人心的向背，则是经常起作用的因素；而在这方面，人民解放军则占着优势。人民解放军的战争所具有的爱国的正义的革命的性质，必然要获得全国人民的拥护。这就是战胜蒋介石的政治基础"①。

历史证明了毛泽东的这一观点。解放战争之初，国民党拥有军队430万人，其中正规军200万人，包括45个美式装备师，统治了全国四分之三的地区和3亿多人口，控制着大城市与主要交通线，拥有近代工业和丰富的资源，并得到了美国政府的全力支持。共产党领导的人民军队只有127万人，其中野战军仅61万人，武器装备是"小米加步枪"，解放区大多为经济落后地区，人口1.2亿，也没有外国援助。但得到了人民衷心拥护的中国共产党和人民解放军，不但用一年的时间就粉碎了国民党的全面进攻和重点进攻，而且以摧枯拉朽之势夺取了解放战争的全面胜利，迎来了新中国的诞生。仅在辽沈、淮海、平津三大战役中，支前民工就高达880余万人次，人民群众出动支前的大小车辆141万辆，担架36万余副，牲畜260余万头。"最后一粒米，送去做军粮。最后一尺布，送去缝军装。最后一件老棉袄，盖在担架上。最后一个亲骨肉，送去上战场。"当年的老百姓就是唱着这样的歌谣，冒风雪、忍饥寒，跋山涉水把弹药、粮食等军需物资送到前线；大批的妇女、老人和儿童则在后方日夜不停地碾米、磨面，缝军衣、做军鞋，照料伤病员，充分印证了毛泽东"战争的伟力之最深厚的根源存在于民众之中"的科学论断。1949年2月，毛泽东在给已到达解放区的李济深、沈钧儒、马叙伦、郭沫若等56位民主人士的复电中指出："此次人民解放战争之所以胜利，是由于全国人

①《毛泽东选集》第4卷，人民出版社1991年版，第1246页。

民不畏强御，团结奋斗，各民主党派各人民团体一致奋起，相与协力，从而使人民解放军获得各方面的援助，使人民的敌人完全陷于孤立，胜负之数，因以判明。"① 可见，解放战争乃至中国革命的胜利，最终是人民力量的胜利。

二、 为人民的利益勇于奋斗牺牲

新民主主义革命时期，中国共产党之所以能够得到人民群众的认同、拥护和支持，把"一盘散沙"凝聚成"血肉长城"，最根本的原因就在于党始终代表了中国最广大人民的根本利益，并为人民的利益矢志奋斗。从党的一大纲领提出的"承认无产阶级专政"和"消灭资本家私有制，没收机器、土地、厂房和半成品等生产资料"，到二大章程定位的"无产阶级中最有革命精神的广大群众组织起来为无产阶级之利益而奋斗的政党"，再到三大《农民问题决议案》提出的"反抗牵制中国的帝国主义者，打倒军阀及贪官污吏，反抗地痞劣绅，以保护农民之利益而促进国民革命运动"，都显示出中国共产党自成立之初，就是无产阶级劳苦大众的忠实代表。

19 世纪 40 年代，恩格斯在总结英国工人阶级的悲惨状况时写道："我们随便把目光投到什么地方，到处都可以看到经常的或暂时的贫困，看到因生活条件或劳动本身的性质所引起的疾病以及道德的败坏；到处都可以看到人的精神和肉体在逐渐地无休止地受到摧残。"② 与 19 世纪的英国工人阶级相比，中国工人阶级深受帝国主义、资产

---

① 《毛泽东文集》第 5 卷，人民出版社 1996 年版，第 253 页。
② 《马克思恩格斯全集》第 2 卷，人民出版社 1957 年版，第 499 页。

阶级和封建势力的三重压迫，劳动时间长，工作强度大，工资水平低，劳动条件恶劣，生活极端困苦，社会地位低下，过着甚至连骡马都不如的生活。1919 年，李大钊在《唐山煤厂的工人生活——工人不如骡马》一文中写道："他们终日在炭坑里作工，面目都成漆黑的色。人世间的空气阳光，他们都不能十分享受。这个炭坑，仿佛是一座地狱。这些工人，仿佛是一群饿鬼。有时炭坑颓塌，他们不幸就活活压死，也是常有的事情。……骡马的生活费，一日还要五角，万一因劳动过度，死了一匹骡马，平均价值在百元上下，故资主的损失，也就是百元之谱。一个工人的工银，一日仅有二角，尚不用供给饮食，若是死了，资主所出的抚恤费，不过三四十元。这样看来，工人的生活，尚不如骡马的生活；工人的生命，尚不如骡马的生命了。"①这就是那个时期中国工人阶级境遇的真实写照。

作为工人阶级的政党，中国共产党在建党初期，首先把目光投向了工人阶级的悲惨处境，把"组织工会和教育工人，领导工人运动"确定为一项中心任务。在第一次工人运动高潮中，1923 年的京汉铁路工人大罢工遭到反动军阀吴佩孚的血腥镇压，江岸地区罢工总负责人、共产党员林祥谦不幸被捕，于农历十二月廿二的雪夜被绑在江岸车站站台的木桩上。面对敌人的屠刀，他宁死不屈，坚持"头可断，血可流，工不可复"，先后被砍七刀，壮烈牺牲，时年 31 岁。直到生命的最后一刻，他还在怒斥："可怜一个好好的中国，就断送在你们这班军阀手里！"京汉铁路总工会法律顾问、共产党员施洋于大年三十凌晨被秘密杀害，身中两弹，仍高呼"劳工万岁"。这位有着稳定的工作和丰厚的报酬，本来可以过体面而安逸的生活的著名律师，却

---

① 《李大钊全集》第 2 卷，人民出版社 2013 年版，第 435—436 页。

甘当"劳工律师"，把收入大都用来济贫扶弱、伸张公理，把人生永远定格在了34岁。1939年2月，毛泽东在延安举行的"二七"纪念大会上高度评价："施洋同志的牺牲，证明了中国共产党是工人阶级自己的政党，是最保护工人阶级利益的。"

中国是一个传统的农业大国，农民占人口的绝大多数，千百年来，土地问题始终是广大农民最期盼解决的问题。1924年，国民党一大确定了"联俄、联共、扶助农工"三大政策，孙中山提出了"耕者有其田"的主张，并将其作为实现"平均地权"的口号。孙中山去世后，代表大地主和大资产阶级利益的蒋介石、汪精卫相继背叛革命，"耕者有其田"作为不利于大地主阶级的政策随之也被取缔，"种了万担粮，农民饿断肠；织了万匹布，农民无衣裳；盖了万间房，农民住草房"的状况没有丝毫改变。中国共产党则在成立时就把没收土地归社会公有写进第一个纲领，党的三大把组织农民参加革命作为党的中心工作之一，并通过了《农民问题决议案》。1925年10月，党发表《告农民书》，明确提出"解除农民的困苦，根本是要实行'耕地农有'的办法，就是谁耕种的田地归谁自己所有"[1]的主张。被毛泽东称为"农民运动大王"的彭湃，是我们党早期农民运动的主要领导人之一。1922年，这位从日本留学回到家乡广东省海丰县不久的"地主家四少爷"，做了一件旷古未闻的"奇事"：将自己在分家中所分得的田契，尽数返还给佃户。但佃户们不敢相信，担心被秋后算账，纷纷把田契退回。于是彭湃心生一计，邀请戏班在家门口搭台唱戏，吸引了成千上万的农民来看戏。演出结束后，彭湃拿着一大捆

---

① 中共中央文献研究室：《建党以来重要文献选编（1921—1949）》第2册，中央文献出版社2011年版，第504页。

田契登上戏台，一张张宣读田契所写的内容，包括地点、亩数和佃户姓名，然后当众烧毁。他这一把火，烧光了自己家"鸦飞不过的田产"，他自己也瞬间从富家子弟变成了"无产者"，却使得海丰农民运动以星火燎原之势迅速发展壮大。他组织创立的中国第一个农民协会——"六人农会"成立不足半年，来自全县的会员已达 10 万人，约占当时海丰县总人口的四分之一。1927 年 11 月，澎湃领导建立了中国第一个红色政权——海陆丰苏维埃政府，后当选中央政治局委员，出任中共中央农委书记、中共中央军委委员、中共江苏省委军委书记。1929 年 8 月，彭湃因叛徒出卖而被捕，在上海龙华英勇就义，年仅 33 岁。

经历了大革命失败的血与火的洗礼，我们党举起土地革命和武装反抗国民党独裁统治的大旗，明确提出没收大中地主和一切所谓公产的祠族庙宇土地分给佃农或无地农民，拉开了土地革命的序幕。随后，党领导的"打土豪、分田地"运动以燎原之势在海陆丰、井冈山、赣东北、闽西、琼崖等根据地渐次开展，摧毁了压在农民肩上的沉重封建地租负担，建立了属于劳苦大众的人民政权。1928 年，毛泽东在总结井冈山土地革命经验的基础上，主持制定了《井冈山土地法》，第一次从法律上肯定了农民拥有分配土地的权利，极大地激发了广大农民自觉投身革命战争、保卫革命政权的热情。毛泽东后来在《论联合政府》一文中指出："中国没有单独代表农民的政党，民族资产阶级的政党没有坚决的土地纲领，因此，只有制订和执行了坚决的土地纲领、为农民利益而认真奋斗、因而获得最广大农民群众作为自己伟大同盟军的中国共产党，成了农民和一切革命民主派的领导者。"[1] 中央苏区能够取得前四次反"围剿"的胜利，除了运用正确

---

[1]《毛泽东选集》第 3 卷，人民出版社 1991 年版，第 1075 页。

的战略战术外，还与根据地老百姓的全力支援和配合密不可分。老百姓坚壁清野、封锁消息、传送情报，令国民党军队望洋兴叹。为什么根据地的群众拥护共产党和工农红军？就是因为他们从党的政策和行动中看出，这个党是一个代表人民群众并为人民利益而奋斗的政党。

长征，是党带领人民军队书写的震惊寰宇的英雄壮举，创造了人类历史上极为罕见的伟大奇迹。在这条两万五千里的漫漫征途上，中央红军途经14个省，翻越18座大山，跨过24条大河，蹚过草地，翻过雪山，进行了380余次战斗，击溃国民党军数百个团，攻占700多座县城，牺牲营以上干部多达430余人，平均年龄不到30岁。其间最惨烈的湘江战役，虽然撕开了敌人重兵设防的封锁线，粉碎了蒋介石围歼红军于湘江以东的企图，但付出了巨大的代价。担任中央红军后卫阻击的红5军团34师，在完成掩护红军主力和中共中央、中央军委机关抢渡湘江的艰巨任务后，被敌军重重包围，全体指战员浴血奋战，直到弹尽粮绝，绝大部分同志壮烈牺牲。师长、共产党员陈树湘负伤被俘，在被敌人押送前往长沙的途中，乘敌不备，忍着剧痛从伤口处掏出肠子，用力绞断，壮烈牺牲，时年29岁。渡过湘江后，中央红军和军委两纵队已由出发时的8.6万人锐减到3万人。但就是这支连自己的肠子都敢于扯出来的队伍，对老百姓却是饱含温情。在湖南汝城县沙洲村，3名女红军借宿徐解秀老人家中，临走时，把自己仅有的一床被子剪下一半给老人留下。老人说，什么是共产党？共产党就是自己有一条被子，也要剪下半条给老百姓的人。在江西于都县建国路，有一座有200多年历史的客家老宅，其大门上那些缺失的门板，为大家津津乐道。当年红军从于都出发开始长征，为了帮助红军顺利渡过于都河，岸边的村民就把自家的门板、床板等木制品，全部捐给了红军做"浮桥"。于都人民不仅捐出了门板，还有口粮、草鞋、房屋、船只、人力，临行前，又有9700多人共计7个团的兵力加入红军队伍。党带领着长征的队伍，每到一个地方，就为农民讲政策，在墙上刷标语，带领农民打土豪、分田地，把官僚、地主的财产分配给穷人。成千上万的人倒下，又有成千上万的人们加入。美国记者斯诺、史沫特莱和索尔兹伯里，都曾描写过红军长征的情景，他们不约而同地把长征同汉尼拔翻越阿尔卑斯山和拿破仑从莫斯科撤军做了比较，又不约而同地得出了同一个结论：汉尼拔经过阿尔卑斯山的行军看上去像一场假日远足，拿破仑自莫斯科的撤退是灾难性的失败，而伟大的长征则是最后胜利的前奏曲。若不是胸怀信仰、心系人民，又有什么样的力量才能创造出这样举世无双的人间奇迹？

1944年9月5日，年仅29岁的中央警备团战士张思德带领战士们在陕北安塞县执行烧炭任务时，即将挖成的窑洞突然塌方，他奋力把战友推出洞去，自己却被埋在窑洞，不幸牺牲。毛泽东亲笔题写了"向为人民利益而牺牲的张思德同志致敬"的挽词，并在追悼大会上发表了《为人民服务》的演讲，说："我们的共产党和共产党所领导的八路军、新四军，是革命的队伍。我们这个队伍完全是为着解放人民的，是彻底地为人民的利益工作的。……中国人民正在受难，我们有责任解救他们，我们要努力奋斗。要奋斗就会有牺牲，死人的事是经常发生的。但是我们想到人民的利益，想到大多数人民的痛苦，我们为人民而死，就是死得其所。"[①] 1945年2月7日，延安各界为在抗日战场上牺牲的新四军高级将领彭雪枫举行追悼会，毛泽东饱含悲情挥笔写下一副长联："二十年艰难事业，即将彻底完成，忍看功绩辉

---

① 《毛泽东选集》第3卷，人民出版社1991年版，第1004—1005页。

煌，英名永在，一世忠贞，是共产党人好榜样；千万里破碎河山，正待从头收拾，孰料血花飞溅，为国牺牲，满腔悲愤，为中华民族悼英雄。"在毛泽东的一生中，曾无数次地像这样为战友、同志的牺牲写过挽词、唁电或题词，如早期领导工人运动被杀害的黄爱、庞人铨，土地革命战争时期牺牲的王尔琢、黄公略、刘志丹、谢子长、瞿秋白，抗日战争时期牺牲的张浩、左权、马本斋、张思德、彭雪枫，解放战争时期牺牲的关向应、刘胡兰、续范亭、朱瑞以及"四八"遇难烈士等，可以想象他在得知亲密的战友、党内的同志牺牲时心情是多么沉痛。但要革命就会有牺牲，连毛泽东本人也不能幸免。因为革命，毛泽东失去了妻子杨开慧，弟弟毛泽民、毛泽覃，侄子毛楚雄，堂妹毛泽建 5 位亲人，并与 6 个孩子骨肉离散；新中国成立后，他又在朝鲜战场痛失爱子毛岸英。据不完全统计，从 1921 年到 1949 年，有名可查的革命烈士就有 370 多万人；从党的一大到七大，中央委员、候补委员 171 人中就有 42 人牺牲和遇难。"为有牺牲多壮志，敢教日月换新天。"中国共产党人就这样把人民利益高高举过头顶，用奋斗牺牲的实际行动践履了"随时为党和人民牺牲一切"的铮铮誓言，在人民心中立起了精神的丰碑，使广大人民群众紧紧团结在党的周围，建成了固若金汤的铜墙铁壁，凝聚了无坚不摧的革命伟力。

中国共产党依靠人民、为了人民而奋斗，是把国家民族的长远利益和人民群众的现实利益紧密统一起来、结合起来的。党领导发动工人运动，虽然是以争取改良劳动条件、改善工人生活和实现劳动者的社会保障为直接目的，但从未忘记通过运动促进工人阶级的觉醒，提高工人阶级的政治觉悟，增强工人阶级的组织性、纪律性和革命性，最终指向仍是推翻帝国主义和封建主义的压迫，实现民族独立和人民解放。党关心群众的生产生活问题，从土地、劳动问题到柴米油盐问题，都想方设法去解决，也不仅仅是为了局部地改善人民群众的生活，更深远的是为了"使广大群众认识我们是代表他们的利益的，是和他们呼吸相通的。要使他们从这些事情出发，了解我们提出来的更高的任务，革命战争的任务，拥护革命，把革命推到全国去，接受我们的政治号召，为革命的胜利斗争到底"①。以这样的战略眼光和务实态度，我们党先后与国民党有过两次合作，第一次是在 1924 年，那时孙中山领导的国民党还是一个革命政党，其提出的新三民主义政纲同中国共产党在民主革命阶段的纲领是基本一致的，因而成为两党联手"打倒列强、除军阀"的政治基础；第二次国共合作是在日寇铁蹄进犯的紧要关头，面对前所未有的民族灾难，中国共产党秉持民族大义，呼吁停止内战、一致抗日，完成了从"抗日反蒋"到"逼蒋抗日"再到"联蒋抗日"的政策调整，力促抗日民族统一战线形成。1937 年 8 月，陈毅曾赋词："十年争战后，国共合作又。回念旧时人，潸然泪沾袖。"尽管曾遭受过国民党反动派十年的血腥屠杀和围追堵截，再度携手纵有无限委屈，但外敌当前，仍应顾全大局，"兄弟阋于墙，外御其侮"，说到底还是为了民族的利益、人民的利益。

---

① 《毛泽东选集》第 1 卷，人民出版社 1991 年版，第 138 页。

第二节　在社会主义革命和建设中坚持人民至上

新中国成立后，党团结带领人民自力更生、发愤图强，进行社会主义革命，推进社会主义建设，战胜了政治、经济、军事等方面一系列严峻挑战，实现了中华民族有史以来最为广泛而深刻的社会变革，实现了一穷二白、人口众多的东方大国大步迈进社会主义社会的伟大飞跃，创造了社会主义革命和建设的伟大成就。

一、巩固新生的人民政权

1949 年 10 月 1 日，毛泽东在天安门城楼庄严宣告了中华人民共和国的诞生，开启了中国历史的新纪元。但此时，国民党尚有 100 多万人的军队在西南、华南和沿海岛屿负隅顽抗，其溃逃时遗留下的特务组织等残余力量同地主恶霸势力和土匪相勾结，也严重危及社会新秩序的建立和稳定。经济上，新中国继承的是一个千疮百孔的烂摊子，生产萎缩，物价飞涨，饱受战争蹂躏的经济已濒于破产，人民生活困苦不堪。国际上，美国在"扶蒋反共"政策失败后，不仅顽固地拒绝承认新中国，而且联合其盟友对新中国实行政治孤立、经济封锁和军事包围。没有稳固的人民政权，党领导人民 28 年浴血奋战的成果就会付之东流。而新生的人民政权能否站得住脚，中国共产党能否治理好国家，整个国际社会都在观望。

但没有什么能够难倒一个代表人民利益、得到人民拥护支持的政权。早在 1949 年 3 月召开的党的七届二中全会上，毛泽东就豪迈地宣誓："我们不但善于破坏一个旧世界，我们还将善于建设一个新世界。中国人民不但可以不要向帝国主义者讨乞也能活下去，而且还将活得比帝国主义国家要好些。"① 面对复杂形势和严峻考验，党和人民政府采取了一系列积极稳健的政策措施，巩固新生人民政权。其中最紧迫的任务，当是迅速肃清国民党反动军队的残余，建立各级人民政权。因此，开国大典甫一结束，朱德总司令就向人民解放军发出了"迅速肃清国民党反动军队的残余，解放一切尚未解放的国土"的命令，展开了对国民党残余军事力量的最后围歼。经过一年的作战，到 1950 年 10 月，人民解放军共歼灭大陆和海岛残存的国民党军队 128 万余人，收编和改造起义投诚的国民党军队官兵 170 余万，解放了除西藏、台湾省和少数岛屿以外的全部领土。

西藏自古就是中国神圣领土不可分割的一部分，鸦片战争以后，由于国力孱弱，一些西方势力趁机染指西藏，在西藏培植亲帝分裂势力，策划并妄图煽动"西藏独立"。1949 年 7 月 8 日，西藏亲帝分裂势力与帝国主义相勾结，将国民政府蒙藏委员会驻藏办事处工作人员驱赶出西藏，制造了拉萨"七八"事件。同年 12 月，毛泽东在赴苏联访问的列车上，审时度势，做出了"进军西藏宜早不宜迟"的战略决策。按照"政治解决优先"的基本方针，中央人民政府先后多次派代表赴西藏进行劝和，付出艰巨努力，争取实现西藏和平解放。在挫败了帝国主义侵略势力和西藏亲帝分裂分子的重重阻挠后，1951 年

---

① 《毛泽东选集》第 4 卷，人民出版社 1991 年版，第 1439 页。

5月23日，中央人民政府和西藏地方政府签订了《关于和平解放西藏办法的协议》，宣告西藏和平解放。西藏人民从此摆脱了帝国主义的羁绊，回到了祖国大家庭。至此，中国大陆实现了完全解放，"人民所厌恶的国家分裂和混乱的局面，已经一去不复返了"①。

在以雷霆万钧之势扫荡国民党残敌之时，人民解放军还进行了大规模的剿匪作战。因国民党治下时局动荡、政治腐败、民生凋敝，许多地方匪患十分猖獗。反动政权败退台湾之时，还收编并武装了一批土匪队伍，他们袭击党政机关和解放军小分队，残杀干部和进步群众，对新生政权和人民群众的生命财产安全造成了严重危害。在中国历史上，不论是剿灭还是招安，还没有任何一个王朝或政权能成功消除匪患这一社会毒瘤，但中国共产党却创下了又一个奇迹：新中国成立后仅三年时间，大陆的匪患就被根除了。共产党打赢同敌人正规军的战争，靠的是发动群众进行人民战争；剿灭土匪，同样也是靠动员人民。在剿匪斗争中，毛泽东制定了军事打击、政治瓦解、发动群众三者相结合的基本方针，在对土匪展开军事攻击的同时，建立政权并派出大批工作队深入农村，以土改和反霸唤起群众的反匪意识，成功消除了土匪存在的社会基础。同时，配合镇压反革命运动，坚决镇压罪大恶极的匪首以形成有力威慑，动员组织普通土匪家属劝降土匪并给予宽大处理，发动人民群众扫除流窜、隐蔽的残存土匪，使土匪陷入完全孤立和包围之中。三年间，共歼灭土匪武装260余万人，基本肃清了国民党遗留在大陆的特务、地下军及会道门等反动组织，使社会上出现了历史上从未有过的安定局面。

---

①《毛泽东文集》第7卷，人民出版社1999年版，第204页。

正当党领导人民建设新中国之际，1950 年 6 月 25 日，朝鲜内战爆发。美国政府不但立即出兵干涉，而且派遣第七舰队驶入台湾海峡，公然干涉中国内政。随后，美国又操纵联合国安理会通过决议，借联合国名义组建以美国为主导的"联合国军"，无视中国政府的多次警告，悍然越过"三八线"，直逼中朝边境，并公然声称："在历史上，鸭绿江并不是中朝两国截然划分的、不可逾越的障碍。"同时，美国飞机多次侵入中国领空，轰炸中国东北边境城市和乡村。为保卫新中国安全，捍卫世界和平，中共中央应朝鲜劳动党和政府请求，经过反复慎重的考虑，做出了抗美援朝、保家卫国的重大决策。10 月 19 日，彭德怀率领中国人民志愿军跨过鸭绿江，入朝参战。

在前线，美国将其全部陆军的三分之一、空军的五分之一和海军的近半数投入战场，动用了除原子弹以外的一切现代化武器。装备简陋的人民志愿军战士以钢铁般的意志克服重重困难，奋不顾身同"武装到牙齿"的美军展开浴血鏖战。年仅 21 岁的黄继光毅然用血肉之躯堵住敌人碉堡中的机枪眼，为冲锋部队的胜利开辟了道路。28 岁的杨根思以"人在阵地在"的英雄气概，引爆仅剩的炸药，与敌人同归于尽。26 岁的邱少云在战前潜伏时为避免暴露，任凭烈火烧身，一动不动直至牺牲。27 岁的孙占元被炮弹炸断双腿仍来回爬行指挥，在弹药告罄的情况下拉响最后一颗手雷，与敌人同归于尽。毛泽东与杨开慧的长子毛岸英也牺牲在朝鲜战场，时年 28 岁。在祖国，全国人民同仇敌忾，团结一致，开展了轰轰烈烈的抗美援朝运动，通过开展增加生产、厉行节约及爱国丰产运动等形式支援前线，筑起了中国人民志愿军的坚强后盾。整个战争期间，全国人民支援朝鲜前线的捐款可购买战斗机 3710 架、各种作战物资 560 余万吨，仅东北地区就有

60 多万农民入朝参加了担架队、运输队和民工队。豫剧演员常香玉卖掉了自己的一部卡车，拿出多年的积蓄，把自己的 3 个孩子（大的不足 7 岁，小的刚刚 3 岁）全都送进托儿所，领导"香玉剧社"到全国各大城市开展巡回义演 180 多场，用演出的收入为志愿军购买了一架战斗机。时至今日，这架被命名为"香玉剧社号"的战斗机还停放在中国航空博物馆，静静地诉说着那段气壮山河的往事。

人民志愿军的强大攻势和背后的人民力量，打破了美帝国主义不可战胜的神话。1953 年 7 月 27 日，不可一世的侵略者被迫在《朝鲜停战协定》上签字。美国上将克拉克后来在回忆录里写道："在执行我政府的训令中，我获得了一项不值得羡慕的荣誉：那就是我成了历史上签订没有胜利的停战条约的第一位美国陆军司令官。"抗美援朝战争的伟大胜利，捍卫了新中国的安全，彰显了新中国的大国地位，空前提高了新中国的威望，是中国人民站起来后屹立于世界东方的宣言书，是中华民族走向伟大复兴的重要里程碑。它向世界宣告：西方侵略者几百年来只要在东方一个海岸上架起几尊大炮就可霸占一个国家的时代一去不复返了！

在进行抗美援朝战争的同时，党领导人民在新解放区进行了大规模的土地改革运动。1950 年 6 月 30 日，中央人民政府颁布实施《中华人民共和国土地改革法》，规定"废除地主阶级封建剥削的土地所有制，实行农民的土地所有制，借以解放农村生产力，发展农业生产，为新中国的工业化开辟道路"[①]。从 1950 年冬开始，按照"依靠贫农、雇农，团结中农，中立富农，有步骤、有分别地消灭封建剥削

---

① 中共中央文献研究室：《建国以来重要文献选编》第 1 册，中央文献出版社 2011 年版，第 292 页。

制度，发展农业生产"的总路线，土地改革运动在华东、中南、西南、西北等广大新解放区广泛展开。大批机关干部、知识分子和民主党派成员报名参加土改工作队，投身到这场伟大的革命中。至 1952 年底，除新疆、西藏等少数民族地区和台湾省外，土地改革已在全国范围内基本完成。这一改革，彻底摧毁了封建剥削制度，消灭了封建地主阶级，使全国 3 亿多无地少地的农民无偿分得了约 7 亿亩土地和大批生产资料，摆脱了千百年来封建宗法的人身束缚，向着实现人的全面发展迈出了重要一步。

与此同时，党和政府还在全社会范围广泛深入地开展了肃清封建残余势力、扫除旧社会遗毒的各项新民主主义改革，使整个社会面貌发生了深刻变化。从 1950 年 12 月开始，全国人民充分动员，开展了以打击土匪、特务、恶霸、反动会道门头子和反动党团骨干分子为重点的镇压反革命运动，基本扫除了国民党留在大陆的反革命残余势力，肃清了土匪、恶霸及反动会道门等黑社会组织。曾经参与杀害李大钊、赵一曼、刘胡兰等革命志士的日伪、特务、反动军官等，都被各地群众揭发检举出来。此外，国营工矿企业的民主改革与企业内部的生产改革使工人成为企业的主人，《中华人民共和国婚姻法》的颁布使广大妇女从封建婚姻制度的束缚中解放出来，各地普遍开展的禁娼、禁赌、禁毒等扫除旧社会痼疾的斗争，使社会面貌和社会风尚发生了巨大变化，昭示着新生的人民政权的无限生机和活力。

在经济战场，有些人认为共产党只会闹革命和打仗，怀疑共产党管理经济的能力，甚至断言"共产党在军事上得了满分，在政治上是八十分，在经济上恐怕要得零分"。其实，早在 1949 年 3 月的党的七届二中全会上，党中央和毛泽东就高瞻远瞩，重点讨论了党的工作重心由乡村转移到城市的问题，号召全党同志必须用全力学习工业生产的技术和管理方法，学习和生产有密切联系的商业工作、银行工作和其他工作，学会管理城市和建设城市。会议还专门列出了《社会发展史》《政治经济学》《共产党宣言》等12本干部必读的马列主义著作书目，开始了管理城市和发展经济的学习和准备工作。

新中国成立后，党和人民政府在总结东北、华北地区接管城市经验的基础上，没收官僚资本归人民共和国所有，使之成为全体人民的公共财产，并以此为基础迅速建立起具有社会主义性质的国营经济。针对投机资本操纵而加剧的市场混乱状况，党和政府果断采取一系列整顿金融秩序的措施，通过"银元之战"和"米棉之战"两大"战役"，严厉打击了不法投机资本，使国营经济取得了稳定市场的主动权。1950年3月，政务院决定统一全国财政收入、物资调度、现金管理，全国物价进一步回落并趋于平稳，彻底结束了令人民苦不堪言的恶性通货膨胀和物价飞涨的局面。随后召开的党的七届三中全会，制定了恢复国民经济时期的战略策略方针，核心是"不要四面出击"。毛泽东指出："我们一定要做好工作，使工人、农民、小手工业者都拥护我们，使民族资产阶级和知识分子中的绝大多数人不反对我们。这样一来，国民党残余、特务、土匪就孤立了，地主阶级就孤立了，台湾、西藏的反动派就孤立了，帝国主义在我国人民中间就孤立了。"① 从中可以清晰地看到，党为了人民、依靠人民的理念始终没有断线。从1950年下半年起，全国各地根据七届三中全会精神，按照"公私兼顾、劳资两利"的基本方针，对工商业的公私关系、劳资关

---

① 《毛泽东文集》第6卷，人民出版社1999年版，第75—76页。

系和产销关系进行了合理调整，保证了工人阶级的民主权利，促进了私营企业的正常生产和经营。后来，陈云对这一阶段的工作概括道：统一财经管理和调整工商业，一统一调，"只此两事，天下大定"。

经过新中国成立后三年多的艰苦奋斗，国家的主权和安全得到有力维护，帝国主义在中国大陆的军事特权和经济特权全部被取消，彻底结束了鸦片战争以来中国主权被外国肆意践踏、外国人在中华大地上耀武扬威的屈辱史，国民经济得到全面恢复和初步发展，各项社会改革事业顺利推进，城乡人民生活普遍得到改善，为建立社会主义制度奠定了良好的基础。

二、调动人民积极性开展社会主义革命和建设

中国共产党是用马克思主义武装起来的政党，以实现共产主义为最高纲领和最终奋斗目标。马克思主义认为，共产主义是人类获得彻底解放的社会形态，但要实现共产主义必须经历一个长期的历史发展过程，其第一步就是通过暴力革命夺取政权，建立社会主义国家。因此，在中国实现社会主义，让人民过上没有剥削、没有压迫的好日子，是中国共产党自成立以来矢志不渝的奋斗目标。新中国成立后，党领导全国人民经过三年共同奋斗，实现了祖国大陆完全统一，完成了土地改革，推翻了长期压在中国人民头上的"三座大山"。同时，随着国民经济的迅速恢复，国家掌握了国民经济命脉，已经有了向社会主义过渡的现实基础。为此，1953年6月，中央政治局扩大会议讨论并制定了党在过渡时期的总路线，即"在一个相当长的时期内，逐步实现国家的社会主义工业化，并逐步实现国家对农业、对手工业和

对资本主义工商业的社会主义改造"，也就是通常所说的"一化三改"。这一总路线得到了全国人民的广泛拥护，成为团结和动员全国各族人民为建设社会主义新中国而奋斗的新纲领。

1953 年元旦，《人民日报》发表的社论写道："工业化——这是我国人民百年来梦寐以求的理想，这是我国人民不再受帝国主义侵侮不再过穷困生活的基本保证，因此这是全国人民的最高利益。全国人民必须同心同德，为这个最高利益而积极奋斗。"[①] 伴随着这篇社论的发表，国家第一个五年计划开始实施，大规模工业化建设由此拉开了序幕。翻身作主的人民群众以主人翁的姿态投入到生产建设中，广大工人展开了热火朝天的劳动竞赛，并在鞍山钢铁公司技术革新能手王崇伦等 7 名全国劳动模范的建议下，迅速发展成全国范围的技术革新运动；广大农民努力增加生产，交售粮、棉，以向国家缴纳农业税来支援工业建设；大批知识分子、科技人员和高校毕业生奔赴工业建设第一线，大显身手；6.6 万多名干部转入工业战线。神州大地上，到处回响着的机械轰鸣声和劳动号子声，交织成一曲激情澎湃的奋斗者之歌。经过全党全国人民的同心同德、苦干实干，建设战线捷报频传：鞍山钢铁公司无缝钢管厂等三大工程开工生产，包头钢铁公司、武汉钢铁公司开始施工，新中国制造的第一架飞机首飞成功，第一批国产"解放"牌载重汽车下线，沈阳第一机床厂、北京电子管厂、克拉玛依油田等正式建成投产，武汉长江大桥建成通车，青藏、康藏、新藏公路修到了"世界屋脊"……新中国成立初期，毛泽东曾感慨地讲："现在我们能造什么？能造桌子椅子，能造茶碗茶壶，能种粮食，

---

① 《迎接一九五三年的伟大任务》，《人民日报》1953 年 1 月 1 日。

还能磨成面粉，还能造纸，但是，一辆汽车、一架飞机、一辆坦克、一辆拖拉机都不能造。"① "一五"期间工业建设和生产所取得的成就，彻底改变了这一局面。

新中国成立以后，如何确保人民当家作主的地位，是党中央一直念念不忘的问题。1953 年，成立了由毛泽东挂帅，朱德、宋庆龄等 32 人为委员的中华人民共和国宪法起草委员会，开始着手宪法起草工作。1954 年 3 月 23 日，宪法起草委员会召开第一次会议，毛泽东代表中共中央向会议提出了《中华人民共和国宪法草案（初稿）》。从 3 月至 6 月，宪法起草委员会举行了 7 次正式会议，对草案初稿进行研究和讨论，并组织民主党派、人民团体和社会各方面代表 8000 多人进行讨论，收到 5900 多条修改意见。1954 年 6 月 14 日，中央人民政府委员会第 30 次会议通过宪法草案，并交付全国人民讨论。在两个多月的时间里，参加讨论的人数超过 1.5 亿人，占全国总人口的四分之一以上。革命烈士方志敏的夫人缪敏看到宪法草案后喜极而泣，她激动地说："我们无数革命先烈的鲜血没有白流！志敏同志的鲜血没有白流！"在征求意见期间，共收到各方意见建议等反馈信息 118 万多条，几乎涉及宪法草案每一个条款。正如毛泽东所说，宪法草案所以得人心，理由之一是"采取了领导机关的意见和广大群众的意见相结合的方法"，"使中央的意见和全国人民的意见相结合"②，并要求以后的一切重要立法，都要采取领导和群众相结合、领导和知识分子相结合的方法。1954 年 9 月 20 日，第一届全国人民代表大会全票通过了《中华人民共和国宪法》，确定了新中国的国体是工人阶级领导

---

① 《毛泽东文集》第 6 卷，人民出版社 1999 年版，第 329 页。
② 《毛泽东文集》第 6 卷，人民出版社 1999 年版，第 325 页。

的、以工农联盟为基础的人民民主专政，政体是人民代表大会制度，实行中国共产党领导的多党合作和政治协商制度、民族区域自治制度，为人民当家作主提供了制度保证。宪法第二条载明："中华人民共和国的一切权力属于人民。"自此，不论是制宪还是历次修宪，这句话从来都没有一字改动，显示了人民至高无上的地位在党心目中始终如一、坚如磐石。

随着社会主义工业化建设的开展，党从 1953 年起全面开展了对农业、手工业和资本主义工商业的社会主义改造。通过对资本主义工商业的"和平赎买"，把以剥削剩余价值为基础的资本主义私人所有制改造成为全民所有制；通过引导农民和手工业者参加农业生产合作社、手工业生产合作社，把以农民和手工业者个体劳动为基础的私人所有制改造成为劳动群众集体所有制。至 1956 年底，社会主义改造基本完成，剥削阶级作为阶级被消灭，社会主义基本政治制度、基本经济制度和其他基本制度在中国大地上逐渐建立，这个占世界四分之一人口的东方大国自此进入社会主义初级阶段，实现了中华民族有史以来最为广泛而深刻的社会变革。

社会主义基本制度初步确立后，党领导中国人民开始了建设社会主义道路的探索。1956 年 4 月，毛泽东在中央政治局扩大会议上做了《论十大关系》的报告，确定了把国内外一切积极因素调动起来，为社会主义服务，把我国建设成为一个强大的社会主义国家的基本方针。1956 年 9 月召开的党的八大指出，在生产资料私有制的社会主义改造基本完成以后，国内的主要矛盾已不再是工人阶级和资产阶级之间的矛盾，而是人民对于建立先进的工业国的要求同落后的农业国的现实之间的矛盾，是人民对于经济文化迅速发展的需要同当前经济文化不能满足人民需要的状况之间的矛盾。按照大会关于党和国家的工作重点必须转移到社会主义建设上来的重大战略决策，一场大规模的经济建设在中华大地上再次拉开帷幕。

1959 年 10 月，为了改变十年九旱、水贵如油的严重缺水状况，河南省林县县委决定从太行山上的浊漳河修建一条引水渠，劈山导水，"引漳入林"。1960 年元宵节当天，由 3.7 万人组成的修渠大军扛着工具，挑着行李，推着锅灶，开向了修渠第一线，"千军万马战太行"，口粮匮乏就靠野果充饥，没有住处就住山洞、睡石板床，没有大型工具就用铁镢、铁锹、小推车，石灰是自己烧的，炸药也是自己配的。鏖战十个春秋，林县人民靠着一锤一钎一双手，削平了 1250 座山头，架设了 152 座渡槽，开凿了 211 个隧洞，修建了各种建筑物 12408 座，挖砌土石达 2225 万立方米，在悬崖峭壁上建成的包括主渠、支渠等全长共 1500 公里的红旗渠，从根本上改变了林县人民的生存条件。为了建成这条"生命之渠"和"幸福渠"，81 位干部和群众先后献出了宝贵生命。

1960 年，有"共和国钢铁工业的长子"之称的鞍山钢铁公司，在探索中国现代工业化道路中总结出一套企业管理基本经验，其核心内容是"干部参加劳动，工人参加管理；改革不合理的规章制度；管理者、技术人员和工人在技术改革中三结合"，即"两参一改三结合"。毛泽东看了鞍山市委的报告后，将其称为"鞍钢宪法"，以区别于苏联一长制管理的"马钢宪法"，并在全国范围内推广。冶金战线上的各级领导干部以参加集体生产劳动的方式，在生产第一线既当指挥员又当战斗员，转变了工作作风，密切了干群关系。有的厂矿还实行了"三三制"，规定干部三分之一的时间参加劳动，三分之一的时间调查研究，三分之一的时间坚持做好日常工作，"工人三班倒，班班见领导，领导带头干，群众劲更高"。这种工作氛围极大地鼓舞了生产，推动了群众性的技术革新和技术革命运动的蓬勃开展。

1964 年 10 月 16 日 15 点整，在中国大西北的茫茫戈壁上，一道强烈的亮光划过长空，巨大的蘑菇云伴随着惊天动地的巨响冲天而起，中国第一颗原子弹爆炸成功了！这一"东方巨响"，集中代表了我国科学技术进步的显著成就，有力地打破了大国的核垄断和核讹诈，提高了我国的国际地位。为了这短短一瞬，李四光领导三支勘探队，为寻找铀矿石几乎走遍整个中国；邓稼先在接受了秘密研制原子弹的任务后，舍家离子、隐姓埋名 28 年；在一无图纸二无资料的情况下，科研人员用计算尺、算盘进行理论计算，攻克了一个又一个技术难关。钱学森、钱三强、程开甲、王淦昌、王明健、王承书等大批科技工作者、干部、工人以及解放军指战员，自力更生，发奋图强，付出了常人难以想象的艰苦努力，铸就了这一中华民族为之自豪的伟大成就。1967 年 6 月 17 日，我国第一颗氢弹空爆试验成功，1970 年 4 月 24 日，我国自行设计制造的第一颗人造地球卫星"东方红一号"发射成功，再次充分反映了中国人民的伟大创造能力，体现了社会主义集中力量办大事的制度优势。

有着浪漫主义诗人气质的毛泽东，曾多次在诗词中以无限的欣喜颂扬新中国人民群众战天斗地的精神风貌，讴歌社会主义建设一日千里的伟大成就。1954 年夏，他在北戴河搏击风浪，遥想曹操当年的文治武功，情不自禁地感慨："萧瑟秋风今又是，换了人间。"1956 年 6 月，他在畅游长江后，高度赞扬"一桥飞架南北，天堑变通途"的建设成果，展望了"更立西江石壁，截断巫山云雨，高峡出平湖"的前景宏图。1958 年 6 月，在得知江西省余江县消灭了血吸虫病的喜讯后，他以"春风杨柳万千条，六亿神州尽舜尧""天连五岭银锄落，地动三河铁臂摇"的诗句，描写了新中国劳动人民在党的领导下，精神振奋、斗志昂扬建设社会主义的宏伟场景。1959 年 6 月，毛泽东回到家乡韶山，以"喜看稻菽千重浪，遍地英雄下夕烟"，重申了"人民才是真正的英雄"的理念，展现了新中国欣欣向荣的大好景象。1965 年 5 月，毛泽东重上井冈山，看到的是"到处莺歌燕舞，更有潺潺流水，高路入云端"。如今，神州大地更是发生了翻天覆地的变化，旧貌早已换了新颜，"世上无难事，只要肯登攀"，只要全国人民锲而不舍地干下去，一个伟大的社会主义现代化国家必将建成。

人类社会的变化总是波浪式前进、螺旋式上升的，正如列宁所指出："设想世界历史会一帆风顺、按部就班地向前发展，不会有时出现大幅度的跃退，那是不辩证的，不科学的，在理论上是不正确的。"[1] 即便是伟大的中国共产党，由于在全国范围内执政时间不长，没有成熟可靠的社会主义建设经验可供遵循，在探索社会主义道路的过程中也出现了曲折和失误，如 1957 年的反右派斗争扩大化、1958 年的"大跃进"和人民公社化运动等，给党和人民的事业造成了重大损失。特别是长达十年的"文化大革命"，虽然主观上是为了防止资本主义复辟、维护党的纯洁性和寻求中国自己的建设社会主义的道路，但由于错误的形势估计、错误的理论和实践，加之被反革命集团利用，给党和人民造成了严重灾难，使中国社会主义事业蒙受了重大挫折。"文化大革命"虽然名义上是直接依靠群众，采取公开地、全

---

[1]《列宁全集》第 28 卷，人民出版社 2017 年版，第 6 页。

面地、自下而上地发动广大群众的方法，要把所谓的"走资派篡夺了的权力"夺回来，但实际上既脱离了党的组织，又脱离了广大群众。这些背离了人民至上的深刻教训，永远值得党在以后的工作中吸取和借鉴。

三、 把反对官僚主义摆在突出位置

1949 年初，随着人民解放战争的节节胜利，领导中国革命取得胜利的中国共产党，即将成为在全国范围执掌政权的党。在历史转折的重大关头，怎样保证党在新的历史条件下不褪色不变质，继续与人民同甘共苦，为人民拼搏、奉献和服务，担负起领导全国各族人民建设新国家、新社会的重任，是摆在党中央领导集体和全党面前的重大课题。

早在党的七届二中全会上，毛泽东就告诫全党，要高度警惕"党内的骄傲情绪，以功臣自居的情绪，停顿起来不求进步的情绪，贪图享乐不愿再过艰苦生活的情绪"滋生，防止不拿枪的敌人"糖衣炮弹"的攻击，指出革命以后的路程更长，工作更伟大、更艰苦，要求"务必使同志们继续地保持谦虚、谨慎、不骄、不躁的作风，务必使同志们继续地保持艰苦奋斗的作风"[1]，为新中国成立后党的作风建设定下了基调。在这次会上，毛泽东还给党员领导干部同时也是给自己立下了六条规矩，即不做寿、不送礼、少敬酒、少拍掌、不以人名作地名、不把中国同志和马恩列斯平列，显示了对官僚主义、享乐主义

---

[1]《毛泽东选集》第 4 卷，人民出版社 1991 年版，第 1438—1439 页。

等不正之风的警醒。

1949 年 3 月 23 日，中共中央机关和中国人民解放军总部由西柏坡进驻北平。启程前，毛泽东与周恩来有一段意味深长的对话。毛泽东说："今天是进京的日子，进京赶考去。"周恩来笑着说："我们应当都能考试及格，不要退回来。"毛泽东说："退回来就失败了。我们决不当李自成，我们都希望考个好成绩。"毛泽东这里讲的"进京"，就是从打江山到坐江山，从革命党走向执政党。"赶考"，就是参加考试，考官是当时的六亿中国人民，考题就是如何为人民执政。这一刻，毛泽东不由得想到了李自成，这位贫苦农民出身的明末农民起义领袖，以"均田免粮"的旗号赢得百姓的拥护和支持，迅速发展壮大，但 1644 年攻陷北京、逼死崇祯后，却迅速蜕化变质，因骄傲自满、贪图享乐、荒淫腐化、劫掠百姓，很快就失去民心，兵败身亡。就是在这样的反思和对比中，中国共产党人开始了自己的"赶考"之路。

事实证明，毛泽东的担心并非多余，而是卓有远见的。随着新中国的成立和党员队伍的迅速扩大，一些思想、作风和组织不纯的问题不可避免地出现，党内官僚主义、命令主义作风有所滋长，有的党员干部革命意志衰退，出现了贪图享受乃至腐化堕落的现象，这些都损害了人民群众的切身利益，造成了党群干群关系紧张。为了防微杜渐，整治党内的不良作风与倾向，进一步密切党同人民的联系，党中央于 1950 年下半年和 1951 年下半年先后开展了整风和整党运动。整风运动的重点是各级领导机关和干部，矛头针对上级领导机关高高在上、脱离群众的官僚主义，中下级领导机关粗暴、强制的命令主义，以及党员干部居功自傲的情绪和腐化变质的苗头，以改善党和人民的关系。整党运动的重点是整顿党的基层组织，尤其是新近建立的党组织和发展新党员较多的地区，旨在普遍提高党员素质，纯洁党的队伍。经过整顿，共清除或劝离党组织41万人，同时积极慎重地发展新党员超过56.9万人，党的组织成分和党员素质有了明显改善和提高，全心全意为人民服务的宗旨、党的优良传统和作风得到了进一步加固。

与加强党的建设相配合，1951年12月至1952年10月，在党政机关工作人员中开展了反贪污、反浪费、反官僚主义的"三反"运动，查处了党政军队伍中的一批腐败分子，共计判处死刑42人、死缓9人、无期徒刑67人、有期徒刑9942人。其中，最为典型的是刘青山、张子善案。刘、张二人都是在20世纪30年代初期入党，参加过土地革命战争、抗日战争和解放战争，在枪林弹雨中出生入死，"既有苦劳、又有功劳"的高级干部。刘青山在国民党的严刑逼供下没有屈服，张子善在国民党的狱中绝食斗争，但是进城之后，他们居功自傲，私欲膨胀，贪图享乐，最终倒在了"糖衣炮弹"之下。在分别担任天津地委书记、天津行署专员期间，他们利用职权，大肆贪污盗用机场建设款、治河款、救济粮、救灾粮等公款公物，涉案金额高达171亿多元（旧人民币，折现币171万多元），从人民的功臣沦为人民的罪人，双双被开除出党并判处死刑。毛泽东亲自过问和批准了该案的处理，并对前来说情的人讲：正是他们两人地位高、功劳大、影响大，所以才要处决他们。只有处决他们，才可能挽救二十个、二百个、两千个、两万个犯有各种不同错误的干部。此案一时震惊全国，被称为"共和国反腐第一案"。通过"三反"运动，清除了干部队伍中的腐化分子，纯洁了党的队伍，增强了人民群众对党的信任，密切了党群关系和干群关系，极大地调动了干部群众建设新中国的积极性和创造性。

基于"官僚主义和命令主义在我们的党和政府，不但在目前是一个大问题，就是在一个很长的时期内还将是一个大问题"① 的判断，"三反"运动刚一结束，党中央紧接着在 1953 年发动了以反对官僚主义、反对命令主义、反对违法乱纪为主要内容的"新三反"运动。这次运动十分重视人民来信，把正确处理人民群众的来信工作作为"共产党和人民政府加强和人民联系的一种方法"，从处理人民来信入手，发现并纠治官僚主义、命令主义和违法乱纪的情况。通过这一运动，各地严肃处理了一批典型案件，制定了一些规章制度，震慑了违法乱纪行为，遏制了腐败和脱离群众现象的滋生蔓延。

社会主义改造基本完成后，毛泽东在 1956 年 9 月党的八大开幕词中总结指出，"我们还有严重的缺点。在我们的许多同志中间，仍然存在着违反马克思列宁主义的观点和作风，这就是：思想上的主观主义、工作上的官僚主义和组织上的宗派主义。这些观点和作风都是脱离群众、脱离实际的，是不利于党内和党外的团结的，是阻碍我们事业进步、阻碍我们同志进步的"②，强调要用加强党内思想教育的方法来克服这些严重缺点。这次会议将贯彻执行党的群众路线作为一项重要内容进行了专门论述和强调，首次将"群众路线"写入了党章，规定党员有义务"把党的、国家的、也就是人民群众的利益，摆在个人的利益之上"③，"全心全意地为人民群众服务，密切同人民群众的联系，向人民群众学习，虚心地听取并且及时地向党反映人民群众的

---

① 《毛泽东文集》第 6 卷，人民出版社 1999 年版，第 254 页。
② 《毛泽东文集》第 7 卷，人民出版社 1999 年版，第 116 页。
③ 中共中央文献研究室：《建国以来重要文献选编》第 9 册，中央文献出版社 1994 年版，第 320 页。

要求和意见，向人民群众解释党的政策和决议"①。之后不久，毛泽东又在八届二中全会上提出，一定要警惕，不要滋长官僚主义作风，不要形成一个脱离人民的贵族阶层，"同人民有福共享，有祸同当，这是我们过去干过的，为什么现在不能干呢？只要我们这样干了，就不会脱离群众"②。中国共产党人就以这样的高度警醒，来防止官僚主义和脱离群众问题出现的。之后，1957 年开展的以整顿主观主义、宗派主义、官僚主义为内容的党内整风运动，1963 年至 1966 年开展的社会主义教育运动，矛头大都指向党员干部中贪污腐化现象和官僚主义等不正之风，对加强党的建设、巩固党的执政地位起到了重要作用。

在建设社会主义的道路上，党从未放弃与腐败现象和官僚主义等不正之风的斗争，通过这些斗争，荡涤了旧社会留下的污泥浊水，消除了反动统治阶级对待人民的反动作风残余，净化了党风和社会风气，使整个社会的面貌焕然一新。广大党员干部以昂扬的精神风貌投入新中国建设之中，涌现出了一大批为民拼搏、为民奉献、为民服务的楷模。

被誉为"县委书记的好榜样"的焦裕禄，1962 年 12 月来到河南省兰考县工作。从踏入这片饱受风沙、盐碱、内涝三害之苦的土地的第二天起，他就深入基层调查研究，一年多的时间跑遍了全县 140 多个大队中的 120 多个。在带领人民封沙、治水、改地的斗争中，他身先士卒、以身作则，带头查风口、探流沙，带头冒风雨、观洪势，带头钻草庵、进牛棚，带头联系群众、访贫问苦，与农民同吃同住同劳动，总结出整治三害的具体策略，探索出大规模栽种泡桐的办法。他

---

① 中共中央文献研究室：《建国以来重要文献选编》第 9 册，中央文献出版社 1994 年版，第 321 页。
② 中共中央文献研究室：《毛泽东著作专题摘编》（下），中央文献出版社 2003 年版，第 2135 页。

强忍肝病折磨，始终坚守岗位、冲在一线，心里装着全县的干部群众，唯独没有他自己。1964 年 5 月 14 日，年仅 42 岁的焦裕禄被肝癌夺去了生命，临终前他对组织上唯一的要求，就是"把我运回兰考，埋在沙堆上。活着我没有治好沙丘，死了也要看着你们把沙丘治好"。

1960 年春，一场规模空前的石油大会战在黑龙江省大庆油田展开，王进喜率领钻井队参加了这场极端困苦条件下的会战。钻机运到了，可吊车不够用，他们就用滚杠加撬杠，靠双手和肩膀，奋战三天三夜，在荒原上竖起了 38 米高、22 吨重的井架。要开钻了，可水管没接通，王进喜就带领工人到附近破冰取水，硬生生通过"盆端桶提"往井场运了 50 吨水。油井出现井喷，成袋的水泥倒入泥浆池却搅拌不开，被钻杆砸伤了腿的王进喜就甩掉拐杖，奋不顾身地跳进齐腰深的泥浆池，用身体搅拌，终于将井喷治服。就是以这种"宁肯少活二十年，拼命也要拿下大油田"的顽强意志和冲天干劲，这位被称为"铁人"的共产党员，带领大庆石油工人彻底甩掉了中国"贫油国"的帽子，创造了世界油田开发史上的奇迹。

1963 年 8 月 1 日建军节，毛泽东在工作之余做了两件事：白天为"南京路上好八连"写诗一首，晚上观看话剧《雷锋》。1949 年上海解放后，人民解放军上海警备区特务团三营八连进驻南京路担负警卫和巡逻任务，他们身居闹市却一尘不染，始终保持艰苦奋斗的优良传统。八连有个"硬性规定"：每有新战士来队，先要为群众做一件好事；老战士复员，再为群众做一件好事。他们长年照顾南京路上的孤老，为市民提供帮助，哪里需要支援，他们就到哪里。他们永葆本色、一心为民，粉碎了国民党特务"上海是个大染缸，共产党解放军红的进来，不出 3 个月，就让他们黑的出去"的预言。毛泽东在诗中称赞他们"为人民，几十年。拒腐蚀，永不沾"，以"军民团结如一人，试看天下谁能敌"的诗句，高度赞扬了全党全国人民在党中央的领导下，团结一致，万众一心，战胜困难，建设社会主义国家的大好局面。共产主义战士雷锋因公殉职时年仅 22 岁，在平凡而又伟大的一生中，他克己奉公、助人为乐，为集体、为人民做了大量的好事，"雷锋出差一千里，好事做了一火车"被传为佳话。

"共产党好，共产党好，共产党是人民的好领导。说得到，做得到，全心全意为了人民立功劳。坚决跟着共产党，要把伟大祖国建设好……"这首自 1957 年开始传唱的脍炙人口的歌曲《社会主义好》，以极其朴素的语言和无比真挚的感情，道出了亿万人民群众的心声，抒发了新中国人民当家作主的豪迈与自信，表达了对坚持人民至上的共产党的衷心拥护。

第三节　在改革开放和社会主义现代化建设中坚持人民至上

"文化大革命"结束以后，党的十一届三中全会做出了把党和国家工作中心转移到经济建设上来、实行改革开放的历史性决策，开启了改革开放和社会主义现代化建设新时期。党团结带领人民解放思想、锐意进取，继续探索中国建设社会主义的正确道路，解放和发展社会生产力，使人民摆脱贫困、尽快富裕起来，带领中国人民大踏步赶上时代，创造了改革开放和社会主义现代化建设的伟大成就。

一、 恢复和发展党的群众路线

"文化大革命"期间，社会内部的斗争和分裂严重破坏了党的群众路线，1977 年邓小平复出工作后，从恢复和发扬党的优良传统特别是党的群众路线做起，开始了思想领域的拨乱反正。1977 年 7 月 21 日，邓小平在党的十届三中全会闭幕会上指出："毛泽东同志倡导的作风，群众路线和实事求是这两条是最根本的东西……群众路线和实事求是特别重要"①，并借党在延安时期因为群众对征粮多了有怨言而开展大生产运动的例子，说明要发扬群众路线，注意群众的议论、群众的思想、群众的问题。聂荣臻、陈云等老一辈革命家也先后在《人民日报》发表文章，呼应邓小平的讲话，倡导恢复和发扬实事求是、群众路线。聂荣臻指出，群众路线，不但是我们力量的源泉，也是我们正确的领导思想的来源。贯彻党的群众路线，就要坚决相信人民群众的创造力是无穷无尽的，放下架子，打掉官气，以平等的态度待人，以普通劳动者的身份在群众中活动，向群众交心，同群众打成一片。② 陈云对一些领导机关和党员干部中主观主义、形式主义的作风不是少了而是多了，深入群众进行调查研究、根据实际情况解决具体问题的实事求是精神不是多了而是少了，提出了尖锐的批评，要求引起全党的严重警惕。③ 1978 年 12 月召开的党的十一届三中全会，冲破了长期"左"的错误和严重束缚，彻底否定了"两个凡是"的错误

①《邓小平文选》第 2 卷，人民出版社 1994 年版，第 45 页。
② 聂荣臻：《恢复和发扬党的优良作风》，《人民日报》1977 年 9 月 5 日。
③ 陈云：《坚持实事求是的革命作风》，《人民日报》1977 年 9 月 28 日。

方针，高度评价了关于真理标准问题的讨论，重新确立了党的实事求是的思想路线，将中国社会主义事业引向了健康发展的道路。

由于"文化大革命"严重破坏了党的优良传统，"文革"结束后，一些复出的高级干部受"补偿心理"的驱使，出现了搞特殊化、以权谋私、脱离群众的现象。邓小平敏锐地察觉到了这一问题。1979年3月，他在党的理论工作务虚会上发表《坚持四项基本原则》的讲话，指出："党是整个社会的表率，党的各级领导同志又是全党的表率。如果党的组织把群众的意见和利害放在一边，不闻不问，怎么能要求群众信任和爱戴这样的党组织的领导呢？如果党的领导干部自己不严格要求自己，不遵守党纪国法，违反党的原则，闹派性，搞特殊化，走后门，铺张浪费，损公利私，不与群众同甘苦，不实行吃苦在先、享受在后，不服从组织决定，不接受群众监督，甚至对批评自己的人实行打击报复，怎么能指望他们改造社会风气呢！"① 在邓小平的推动下，1979年下半年，中央纪委牵头组织起草了《关于高级干部生活待遇的若干规定》，对高级干部的住房、用车、食品供应、外出休养等做出了严格具体的规定。11月2日，邓小平在党政军机关副部长以上干部会议上做《高级干部要带头发扬党的优良传统》的报告，要求高级干部带头克服特殊化现象。他在报告中严肃批评了少数人"做官当老爷"的现象，指出中国共产党以前能够渡过困难局面，"根本的问题是我们的干部、党员同人民群众一块苦"。现在物质条件比那时还要好些，可为什么群众对我们还有那么多意见？主要原因就在于脱离了群众，其中干部特殊化是一个重要原因，"人民群众对干

①《邓小平文选》第2卷，人民出版社1994年版，第177—178页。

部特殊化是很不满意的"。邓小平强调："我们必须恢复和发扬党的艰苦朴素、密切联系群众的优良传统。"他甚至严厉地说："现在再不作这样的规定，我们就无法向人民交代了。"并强调："这个规定一经中央和国务院下达，就要当作法律一样，坚决执行，通也要执行，不通也要执行。"① 随后，《关于高级干部生活待遇的若干规定》由中共中央、国务院印发施行，及时刹住了干部特殊化、脱离群众的不正之风。

1981 年党的十一届六中全会通过的《关于建国以来党的若干历史问题的决议》（以下简称《决议》），对党的群众路线作了科学阐释："群众路线，就是一切为了群众，一切依靠群众，从群众中来，到群众中去。"《决议》还指出："党是阶级的先进部队，党是为人民的利益而存在和奋斗的，但是党永远只是人民的一小部分；离开人民，党的一切斗争和理想不但都会落空，而且都要变得毫无意义。我们党要坚持革命，把社会主义事业推向前进，就必须坚持群众路线。"② 这一结论，是在总结中国共产党成立 60 年来正反两个方面经验的基础上，对群众路线认识的进一步升华。经历了十年浩劫，中国共产党以历史决议的庄严方式，重新校正了人民至上的价值坐标。

1982 年党的十二大通过的党章，将"全心全意为人民服务"作为党领导全国各族人民实现社会主义现代化的宏伟目标必须坚决做到的三项要求之一，明确指出："党除了工人阶级和最广大人民群众的利益，没有自己特殊的利益。党的纲领和政策，正是工人阶级和最广

---

① 《邓小平文选》第 2 卷，人民出版社 1994 年版，第 216—219 页。

② 中央档案馆、中共中央文献研究室：《中共中央文件选集（1949 年 10 月—1966 年 5 月）》第 1 册，人民出版社 2013 年版，第 47 页。

大人民群众的根本利益的科学表现。党在领导群众为实现共产主义理想而奋斗的全部过程中，始终同群众同甘共苦，保持最密切的联系，不允许任何党员脱离群众，凌驾于群众之上。党坚持用共产主义思想教育群众，并在自己的工作中实行群众路线，一切为了群众，一切依靠群众，把党的正确主张变为群众的自觉行动。"① 十二大党章还在党员义务、基层党组织基本任务条款中，规定了党员和基层党组织贯彻群众路线的具体要求，成为改革开放时期党坚持和贯彻群众路线的制度保障。

二、 拉开中国改革开放的帷幕

"文化大革命"推行的极左路线，不仅造成了全民族空前的思想混乱，严重破坏了党的建设和社会风气，而且违背了经济发展客观规律，对中国经济造成了巨大冲击和破坏。面对这种情况，所有关心党和国家前途命运的人都在思索：社会主义的优越性到底体现在哪儿？中国社会主义发展的道路又该何去何从？邓小平是对这些问题思考得最早、最为深入的党和国家高层领导人之一，他曾在多个场合论述对社会主义的理解。1977 年 9 月，邓小平在会见日本新自由俱乐部访华团时指出："社会主义制度的优越性表现在它的文化、科学技术水平应该比资本主义发展得更快、更先进，这才称得起社会主义，称得起先进的社会制度。"② 同年 12 月，他在会见澳大利亚共产党（马列）主席希尔和夫人乔伊斯时，再一次阐述了社会主义的优越性问题：

---

① 中共中央文献研究室：《十一届三中全会以来重要文献选读》（上册），人民出版社 1987 年版，第 530 页。
② 中共中央文献研究室：《邓小平年谱（1975—1997）》（上），中央文献出版社 1994 年版，第 200 页。

"怎样才能体现列宁讲的社会主义的优越性，什么叫优越性？不劳动、不读书叫优越性吗？人民生活水平不是改善而是后退叫优越性吗？如果这叫社会主义优越性，这样的社会主义我们也可以不要。"① 1978年3月2日，邓小平在第五届全国人民代表大会期间再次强调："要实现四个现代化，才能更好地体现社会主义的优越性，不然，就始终处于挨打的地位。光喊口号没有用。"② 同年3月10日，在国务院第一次全体会议上，邓小平又说："什么叫社会主义，社会主义总是要表现它的优越性嘛。它比资本主义好在哪里？每个人平均六百几十斤粮食，好多人饭都不够吃，二十八年只搞了二千三百万吨钢，能叫社会主义优越性吗？干社会主义，要有具体体现，生产要真正发展起来，相应的全国人民的生活水平能够逐步提高，这才能表现社会主义制度的优越性。"③ 同年6月23日，邓小平在会见罗马尼亚驻华大使格夫里列斯库时指出："社会主义的优越性总要通过生产的发展和人民生活的提高来体现，这是最起码的标准，空头政治不行。"④ 可见，此时的邓小平已经对什么是社会主义有了最基本的判断标准：解放和发展生产力，改善人民生活水平，比资本主义发展得更快、更先进。这也便是他在1992年南方谈话中提出的"三个有利于"的雏形。

1978年9月，邓小平访问朝鲜归国后视察了东北三省以及唐山、天津等地，发表了一系列后来被称为"北方谈话"的重要讲话。其间，邓小平讲："外国人议论中国人究竟能够忍耐多久，我们要注意这个话。我们要想一想，我们给人民究竟做了多少事情呢？我们一定

---

① 中共中央文献研究室：《邓小平年谱（1975—1997）》（上），中央文献出版社1994年版，第250页。
② 中共中央文献研究室：《邓小平年谱（1975—1997）》（上），中央文献出版社1994年版，第271页。
③ 中共中央文献研究室：《邓小平年谱（1975—1997）》（上），中央文献出版社1994年版，第277页。
④ 中共中央文献研究室：《邓小平年谱（1975—1997）》（上），中央文献出版社1994年版，第330页。

要根据现在的有利条件加速发展生产力，使人民的物质生活好一些，使人民的文化生活、精神面貌好一些"① "我们太穷了，太落后了，老实说对不起人民。我们现在必须发展生产力，改善人民生活条件"② "社会主义要表现出它的优越性，哪能像现在这样，搞了二十多年还这么穷，那要社会主义干什么？我们要在技术上、管理上都来个革命，发展生产，增加职工收入"③。这些讲话，充满了对"文化大革命"给人民带来沉痛灾难的深深自责，同时也是对重新探索"什么是社会主义、怎样建设社会主义"发出的强有力的信号：社会主义绝不能够再像"文革"这样搞下去了，中国再也不能像"文革"这样折腾下去了！

带着同样的问题和思考，粉碎"四人帮"后，中国开始向西方发达国家和中国港澳地区派出多批考察团，目的之一就是学习借鉴现代化建设经验，探寻中国社会主义发展道路，酝酿改革开放方案。据统计，从1977年7月1日至1978年6月30日，中国党政代表团共出访245次，其中中央领导人出访30次，部委办出访135次，经贸专题出访80次。在这些考察中，影响最大的是国务院副总理谷牧率领考察团对法国、德国、瑞士、丹麦和比利时等西欧五国的访问。这个考察团于1978年5月2日出发，6月6日回国，行程36天，先后访问了法国的巴黎、里昂、马赛，德国的波恩、鲁尔、汉堡、巴伐利亚，瑞士的日内瓦、伯尔尼、巴塞尔、苏黎世，丹麦的哥本哈根、奥尔堡，比利时的布鲁塞尔、安特卫普等城市，并会见了众多的政界人士和企

① 中共中央文献研究室：《邓小平年谱（1975—1997）》（上），中央文献出版社1994年版，第380页。
② 中共中央文献研究室：《邓小平年谱（1975—1997）》（上），中央文献出版社1994年版，第381页。
③ 中共中央文献研究室：《邓小平年谱（1975—1997）》（上），中央文献出版社1994年版，第384页。

业家。所到之处，欧洲经济的自动化、现代化、高效率，给考察团成员留下了深刻印象：没想到世界现代化发展程度如此之高，没想到中国与发达国家之间的发展差距如此之大，没想到西方发达国家老百姓的生活与中国相比高出如此之多！大家无不反思中国的贫穷与落后，盼望并支持我们党尽快调整政策，实行改革开放，带领中国人民奋起直追，把失去的时间补回来。

就在这样的历史背景下，1978 年 12 月，党的十一届三中全会顺应全党全国人民的意愿，停止了"以阶级斗争为纲"，做出了把全党的工作重点和全国人民的注意力转移到社会主义现代化建设上来、实行改革开放的重大历史性决策，中国从此走上了高速前进的快车道。

三、 带领中国人民富起来

党的十一届三中全会以后，随着思想坚冰的消融和一系列改革开放政策的出台，亿万人民群众的积极性、创造性被充分调动出来，从农村到城市、从经济领域到其他各个领域，改革的浪潮势不可当；从沿海到沿江沿边，从东部到中西部，开放的大门逐步开启。动乱多年的神州大地再一次焕发出蓬勃生机和旺盛活力，党带领中国人民实现了从"站起来"到"富起来"的伟大飞跃。

轰轰烈烈的改革大幕，最早在安徽省凤阳县一个只有百十户人家的小村庄展开。1978 年 11 月 24 日的一个深夜，小岗村 18 户贫穷农户在一张包干到户的"生死契约"上按下的鲜红手印，如一道闪电掀开了波澜壮阔的中国农村改革的大幕。面对一些人对包产到户是否是单干、倒退，是否会损害集体经济的质疑，邓小平在同中央负责人谈话时说："农业政策放宽以后，一些适宜搞包产到户的地方搞了包产到户，效果很好，变化很快……有的同志担心，这样搞会不会影响集体经济。我看这种担心是不必要的"，"从当地具体条件和群众意愿出发，这一点很重要"①。随后，在中央政策的支持和引导下，家庭联产承包责任制取代了人民公社，中国广大农民获得了充分的经营自主权，极大地推动了农村生产力的发展，改善了农民的生活条件。1979年2月，《人民日报》刊文报道广东省中山县农民黄新文一家依靠勤劳致富，总收入超过万元，纯收入6000元，在社会上引起了巨大轰动。之后，全国各地的"万元户"大量涌现，至20世纪末，"万元户"已经被"万元不算富，十万刚起步，百万还凑合"的调侃所代替，折射出改革开放给人民群众生活带来的巨大变化。

农村改革的率先突破，为其他领域的改革做出了示范，激发了人民群众的创新活力。1978年7月，一场打破"铁饭碗"的改革在广东省清远县氮肥厂悄然酝酿。这个投产9年累计亏损770多万元的厂子穷则思变，厂党委书记曾国华召集工厂高层和技术骨干研究决定，拿出5万元设立综合奖。这个奖与产量、质量、安全生产指标相挂钩，是用"记分计奖"的方式体现多劳多得，以调动工人的积极性。这项后来被称为"超计划利润提成奖"的改革举措实行后，第二年就开始扭亏为盈。尝到甜头的清远县随后在全县17家国营工业企业全面推广这一方法，收到了显著成效，试行3个月完成的利润比前9个月的利润总和还多三成以上。时任中共广东省委第一书记的习仲勋亲自带队到清远调研考察后，总结出"清远经验"，先后向全省、全国

---

① 《邓小平文选》第2卷，人民出版社1994年版，第315—316页。

推广，拉开了我国工业经济体制改革的序幕。作为改革起源地的清远氮肥厂，自 1979 年扭亏为盈后，在连续 6 年电力供应紧缺开工不足的情况下，仍然实现年年盈利，至 1989 年连续 11 年共实现利润近 1000 万元。

在安徽芜湖，年广久因他创立的"傻子瓜子"品牌曾三次被邓小平公开提及，一度被称为"中国第一商贩"。可在改革开放之初，"傻子瓜子"的经营却引发了轩然大波，关于它的争论的焦点集中在两个方面：一是雇工数量远远超过了国家限制的 8 个人，二是年收入百万以上是否存在剥削问题。1982 年，安徽省委就"傻子瓜子"问题专门写了一份调查报告，邓小平表示，先不要匆忙做决定，先"放一放""看一看"。1984 年，邓小平在中顾委三次全会上又讲到雇工问题："我的意见是放两年再看。那个能影响到我们的大局吗？如果你一动，群众就说政策变了，人心就不安了。你解决了一个'傻子瓜子'，会牵动人心不安，没有益处。让'傻子瓜子'经营一段，怕什么？伤害了社会主义吗？"[1] 这一"放"，放活了中国的民营经济，到 1987 年底，全国城乡个体工商业发展到 1372 万户，从业人员 2158 万人，逐步形成了以公有制为主体、多种经济成分共同发展的局面。1992 年，邓小平在南方谈话中再次提到"傻子瓜子"问题："当时许多人不舒服，说他赚了一百万，主张动他。我说不能动，一动人们就会说政策变了，得不偿失。像这一类的问题还有不少，如果处理不当，就很容易动摇我们的方针，影响改革的全局。"[2] 就是因为秉持着这种尊重群众实践创造、以实践来检验真理的态度，中国改革开放的

①《邓小平文选》第 3 卷，人民出版社 1993 年版，第 91 页。
②《邓小平文选》第 3 卷，人民出版社 1993 年版，第 371 页。

路子越走越宽。

"一九七九年，那是一个春天，有一位老人在中国的南海边画了一个圈。神话般地崛起座座城，奇迹般地聚起座座金山……"这首大家耳熟能详的歌曲《春天的故事》，唱出了那个时代的人们对推动对外开放、创办经济特区的共同记忆。早在 1977 年 11 月邓小平视察广东期间，广东省委负责人汇报说边境地区的民众外逃出港问题十分突出，邓小平听后没有想着怎么去"堵"，而是站在人民的立场指出"逃港，主要是生活不好，差距太大"，"看来最大的问题是政策问题。政策对不对头，是个关键"①。他要求广东省委写个报告给中央，把问题分析一下，这为后来提出创办经济特区埋下了伏笔。经过一系列的考察、酝酿，1979 年 7 月，中共中央、国务院做出在深圳、珠海、汕头和厦门试办特区的重大决策。深圳这个珠江口东岸的一个小渔村，从此冲破了思想束缚，冲破了藩篱障碍，喊出了"时间就是金钱、效率就是生命"的口号，以"三天一层楼"的建设速度"杀出了一条血路"，在短短几年时间内奇迹般崛起为一个国际化大都市，成为中国改革开放的一个窗口和精彩缩影。

1992 年初，已 88 岁高龄的改革开放总设计师邓小平，带着对党和人民事业的深切期待，先后赴武昌、深圳、珠海和上海视察，沿途发表了一系列重要谈话，及时深刻地回答了一系列重大理论和实践问题，把改革开放推向了一个新的阶段。邓小平讲，"革命是解放生产力，改革也是解放生产力""不坚持社会主义，不改革开放，不发展经济，不改善人民生活，只能是死路一条"。改革开放十几年的发展，

---

① 中共中央文献研究室：《邓小平年谱（1975—1997）》（上），中央文献出版社 1994 年版，第 238 页。

证明了党的十一届三中全会以来"一个中心、两个基本点"的基本路线是正确的，"只有坚持这条路线，人民才会相信你，拥护你。谁要改变三中全会以来的路线、方针、政策，老百姓不答应，谁就会被打倒"。因此这个基本路线"要管一百年，动摇不得"。邓小平指出，改革开放迈不开步子，不敢闯，主要是担心走了资本主义道路。在姓"资"姓"社"的问题上，"判断的标准，应该主要看是否有利于发展社会主义社会的生产力，是否有利于增强社会主义国家的综合国力，是否有利于提高人民的生活水平"。邓小平完整地阐述了什么是社会主义："社会主义的本质，是解放生产力，发展生产力，消灭剥削，消除两极分化，最终达到共同富裕。"邓小平提出，"发展才是硬道理""如果我们不发展或发展得太慢，老百姓一比较就有问题了"。他敦促大家，"改革开放胆子要大一些，敢于试验，不能像小脚女人一样。看准了的，就大胆地试，大胆地闯""我们肩膀上的担子重，责任大啊"[1]。一句句振聋发聩的话语，充分体现了人民至上的价值理念，如春雷滚滚响彻 1992 年的春天。以邓小平南方谈话和党的十四大召开为标志，中国改革开放和社会主义现代化建设进入新的发展阶段。

四、从 "三个代表" 重要思想到科学发展观

以江泽民为核心的第三代中央领导集体和以胡锦涛为总书记的党中央，沿着邓小平规划的改革开放和社会主义现代化建设路

---

① 《邓小平文选》第 3 卷，人民出版社 1993 年版，第 370—383 页。

线，承前启后、继往开来，相继提出了"三个代表"重要思想和以人为本的科学发展观，实现了党的指导思想的与时俱进。党始终坚持改革开放的初心为了人民、实践依靠人民、成果惠及人民、评价交给人民，一任接着一任干，一张蓝图绘到底，带领人民、依靠人民经受住了苏联解体、东欧剧变、金融危机、自然灾害等严峻考验，领导社会主义现代化建设取得了举世瞩目的辉煌成就，大踏步赶上了时代。

1992 年 10 月，党的十四大在系统总结党的十一届三中全会以来的基本实践、基本经验的基础上，确立了建设社会主义市场经济体制的目标。按照这一目标，1993 年 11 月，党的十四届三中全会审议通过了《中共中央关于建立社会主义市场经济体制若干问题的决定》，制定了建立社会主义市场经济体制的总体规划，即在坚持以公有制为主体、多种经济成分共同发展的基础上，建立"产权清晰、权责明确、政企分开、管理科学"的现代企业制度，全国统一开放的市场体系，完善的宏观调控体系，"以按劳分配为主体，效率优先、兼顾公平公正"的收入分配制度和多层次的社会保障制度。此后，财政、税收、金融、外贸、外汇、投资、价格、流通、住房、社会保障等方面的改革逐步展开。到 2000 年，中国成功实现了由计划经济体制到社会主义市场经济体制的转变，完成了中国特色社会主义道路探索中的又一伟大创举。2001 年 11 月 10 日，在多哈举行的世界贸易组织第四届部长级会议通过了中国加入世贸组织的决定，标志着中国从"复关"到"入世"长达 15 年的谈判取得了决定性成果。一个月后，中国正式成为世贸组织第 143 名成员，开启了中国对外开放、融入世界的新篇章。参与经济全球化激活了中国发展的澎湃春潮，亿万人民群众的收入和生活水平在不断扩大的改革开放中快速提高。

1997 年 5 月，江泽民接受美国记者采访，在回答"早晨醒来后心里想到的最重要的事是什么"时，他说："在我的心目中，就内政而言，最大的问题就是如何确保 12 亿中国人民的温饱。怎样才能改善他们的生活呢？"① 让人民过上幸福生活，特别是解决占绝大多数的农村人口的吃饭问题，历来是党念兹在兹的重要问题。按照邓小平提出的到 20 世纪末我国总体上达到"小康"的构想，1994 年 3 月，国务院制定了《国家八七扶贫攻坚计划》。"八七"，是指针对当时全国农村 8000 万贫困人口的温饱问题，力争用 7 年左右的时间（从 1994 年到 2000 年）基本解决。经过多方努力，到 2000 年底，国家八七扶贫攻坚目标基本实现，农村绝大多数人口的温饱问题基本得到解决。2002 年，党中央、国务院做出了"逐步建立以大病统筹为主的新型农村合作医疗制度"的决定。这一制度自 2003 年开始试点，2008 年实现全面覆盖，截至 2012 年 6 月底，参合人口达到 8.12 亿人，参合率达到 95％以上，有效缓解了农村群众因病致贫、因病返贫问题。2005 年 12 月，十届全国人大常委会第十九次会议通过决定，自 2006 年 1 月 1 日起废止《中华人民共和国农业税条例》，宣告了在我国延续了 2000 多年的"皇粮国税"的终结，极大地减轻了亿万人民的负担，成为中国数千年农业史上前无古人的创举。河北省灵寿县农民王三妮自筹资金铸造了一尊"告别田赋鼎"，在铭文最后写道，"我是农民的儿子，祖上几代耕织，辈辈纳税，今朝告别了田赋，我要代表农民，铸鼎刻铭，告知后人，万代歌颂，永世不忘"，表达了广大人

---

① ［美］罗伯特·劳伦斯·库恩：《他改变了中国：江泽民传》，谈峥等译，上海译文出版社 2005 年版，第 251 页。

民群众对党的惠农政策的无限感激。

"泥巴裹满裤腿，汗水湿透衣背，我不知道你是谁，我却知道你为了谁……"这首家喻户晓的歌曲《为了谁》，诉说了一段惊心动魄、气壮山河的往事。1998 年夏，中国南方长江、珠江流域和北方松花江、嫩江流域都出现了罕见的持续强降雨，特别是长江先后出现八次洪峰，一时之间，九江告急，荆州告急，武汉告急！在肆虐的洪水面前，党中央提出严防死守，确保长江大堤安全、确保重要城市安全、确保人民生命安全的战略方针，调动 30 多万部队官兵紧急驰援，军民协同，抗洪抢险。危急时刻，江泽民等党和国家领导人亲临一线部署指挥，广大党员干部、部队官兵与人民同甘共苦、同舟共济，长江大堤上竖起了"誓与大堤共存亡"的生死牌，人民子弟兵以血肉之躯筑起了坚不可摧的铜墙铁壁，"一个党员一面旗，一个干部一段堤，一个支部一排桩"，经过殊死搏斗，终于实现了"三个确保"的目标，将这场特大自然灾害的损失降到最低。这种撼动人心的场景，不止一次出现在中华大地上。2003 年抗击"非典"疫情，广大共产党员冲锋在前、勇挑重担，人民群众团结一致、相互支援，医务工作者舍生忘死、前仆后继，科技工作者夙兴夜寐、全力攻关，汇聚起足以战胜一切艰难险阻的澎湃力量。2008 年汶川发生特大地震，党中央组织开展了历史上救援速度最快、动员范围最广、投入力量最大的抗震救灾斗争，胡锦涛站在救援现场振臂高呼："任何困难都难不倒英雄的中国人民！"喊出了一个政党执政的最大底气和人民至上的不变情怀。

实现祖国完全统一，是全体中华儿女的共同愿望，也是中华民族根本利益所在。在 20 世纪 80 年代中英、中葡相继签署联合声明后，1997

年 7 月 1 日，在世界各国的注视下，中国政府对香港恢复行使主权，香港重新回到了祖国的怀抱，邓小平提出的"一国两制"伟大构想变为了现实。1999 年 12 月 20 日，澳门回归，祖国统一大业再开新篇。回归之后，港澳原有资本主义制度和生活方式保持不变，法律基本不变，港澳居民享有了比历史上任何时候都更广泛的民主权利和自由，实现了政治稳定、经济繁荣，人民生活水平不断提高。在对台工作中，党不断强化两岸关系的主导权、主动权，推动达成"海峡两岸均坚持一个中国原则"的"九二共识"，多次挫败"台独"分子的分裂图谋，并颁布《反分裂国家法》，依法惩治"台独"分裂犯罪，坚决维护国家安全。2005 年 4 月 29 日，胡锦涛在北京人民大会堂会见时任中国国民党主席的连战，两党实现了跨越六十年的历史性握手并共同发布"两岸和平发展共同愿景"，揭开了两岸关系和平发展新局的大幕。2008 年，海峡两岸实现了海运直航、空运直航和直接通邮。通过这些和平统一的努力，扩大了两岸人员往来与经济合作，有力地维护了中华民族的整体利益、根本利益。

在社会主义现代化建设征程中，党始终坚持人民至上的价值理念，把人民摆在心中至高无上的位置。1990 年 3 月党的十三届六中全会通过的《中共中央关于加强党同人民群众联系的决定》开篇就指出："人民群众是我们党的力量源泉和胜利之本。能否始终保持和发展同人民群众的血肉联系，直接关系到党和国家的盛衰兴亡。"[1] 党的十五大报告指出："一切为了群众，一切相信群众，一切依靠群众，我们党就能获得取之不尽的力量源泉。"[2] 党的十六大报告指出："我

---

① 中共中央文献研究室：《十三大以来重要文献选编》（中），人民出版社 2011 年版，第 338 页。

② 中共中央文献研究室：《十五大以来重要文献选编》（上），人民出版社 2000 年版，第 48 页。

们党的最大政治优势是密切联系群众，党执政后的最大危险是脱离群众。在任何时候任何情况下，都必须坚持党的群众路线，坚持全心全意为人民服务的宗旨，把实现人民群众的利益作为一切工作的出发点和归宿。"① 党的十七大报告强调："要坚持人民是历史创造者的历史唯物主义观点，坚持全心全意为人民服务，坚持群众路线，真诚倾听群众呼声，真实反映群众愿望，真情关心群众疾苦，多为群众办好事、办实事，做到权为民所用、情为民所系、利为民所谋。"② 根据党员干部队伍的状况和存在的问题，党中央先后在全党开展了"三讲"教育、保持共产党员先进性教育、深入学习实践科学发展观活动、创先争优活动等 4 次集中教育，进一步强化了党员干部的宗旨意识，密切了与人民群众的血肉联系，激发出亿万人民群众改天换地的无穷力量。西气东输、西电东送、三峡工程、青藏铁路、神舟飞天、北京奥运……一系列重大工程、重大成就，让中国人民扬眉吐气，1979 至 2012 年年均 9.8 %的国内生产总值增长率领跑全球，让世界刮目相看。正是人民的力量，推动中国实现了由一个落后国家到全球第二大经济体的历史性突破，由温饱不足到总体小康、奔向全面小康的历史性跨越，为实现中华民族伟大复兴提供了充满新的活力的体制保证和快速发展的物质条件。

---

① 中共中央文献研究室：《十六大以来重要文献选编》（上），中央文献出版社 2005 年版，第 41—42 页。
② 中共中央文献研究室：《十七大以来重要文献选编》（上），中央文献出版社 2009 年版，第 42 页。

第四节 在中国特色社会主义新时代的
壮丽实践中坚持人民至上

中国特色社会主义进入新时代，以习近平同志为核心的党中央把人民至上摆在突出位置，统筹把握中华民族伟大复兴战略全局和世界百年未有之大变局，团结带领中国人民自信自强、守正创新，形成了习近平新时代中国特色社会主义思想，创造了新时代中国特色社会主义的伟大成就。中华民族迎来了从站起来、富起来到强起来的伟大飞跃，实现中华民族伟大复兴已进入不可逆转的历史进程。以习近平同志为核心的党中央紧紧围绕人民群众对美好生活的向往，以"民之所忧，我必念之；民之所盼，我必行之"的理念和决心，交出了一份令人民满意的时代答卷。

一、 以人民为中心推动高质量发展

中国特色社会主义进入新时代，我国经济发展也进入新时代。但是，连续多年的经济高速增长，也暴露出一些深层次的矛盾和问题：一些地方和部门片面追求经济发展速度、规模，发展方式粗放，虽然国内生产总值上去了，但人民群众的获得感、幸福感、安全感不强；经济结构性、体制性矛盾不断积累，发展不平衡、不协调、不可持续的问题十分突出。新时代的中国要实现什么样的发展？又该怎样实现这样的发展？经过深邃思考，2015 年 10 月，习近平总书记在党的十八届五中全会上提出了"以人民为中心"的发展思想。全会通过的《中共中央关于制定国民经济和社会发展第十三个五年规划的建议》强调，必须坚持以人民为中心的发展思想，把增进人民福祉、促进人的全面发展作为发展的出发点和落脚点，发展人民民主，维护社会公平正义，保障人民平等参与、平等发展权利，充分调动人民积极性、主动性、创造性。这次会议还指出，破解发展难题，厚植发展优势，必须牢固树立并切实贯彻创新、协调、绿色、开放、共享的发展理念。这五大发展理念，分别就如何解决发展动力问题、发展不平衡问题、人与自然和谐问题、发展内外联动问题、社会公平正义问题开出了"药方"，指明了"十三五"乃至更长时期我国的发展思路、发展方向和发展着力点。由此，围绕满足人民日益增长的美好生活需要，中国的发展全面转向以创新为第一动力、协调为内生特点、绿色为普遍形态、开放为必由之路、共享为根本目的的高质量发展之路。

党的十八大以来，我国综合国力显著增强，经济总量从 50 多万亿元量级跃至 114 万亿元，每年的经济增量相当于一个中等发达国家的全年产出，连续多年稳居世界第二大经济体、第二大消费市场、制造业第一大国、货物贸易第一大国、外汇储备第一大国，多年对世界经济增长贡献率超过 30%。国家创新指数全球排名从 2013 年的第 35 位跃升至 2021 年的第 12 位，中国动车跑出世界速度，国产大飞机翱翔蓝天，"九章二号"量子计算原型机问世，核电技术跻身世界第一方阵，"北斗"组网、"墨子"传信、"蛟龙"探海、"天眼"探空、"悟空"探秘、"嫦娥"探月、"天问"探火、"羲和"探日，一系列高科技发展成就不断刷新历史。3D 打印、5G 网络、刷脸支付、智能家居，极大地改变和便利了中国人民的生活，人民群众的获得感、幸福感明显增强。2022年伊始，一张由距离地球4亿公里外的火星探测器"天问一号"传来的环绕器与火星的"自拍照"火爆全球，让国外网友忍不住惊叹：感觉中国生活在2122年。港珠澳大桥建成通车，大兴机场惊艳全球，西成铁路在崇山峻岭中开辟出一条新"蜀道"，云贵边界北盘江大桥刷新世界第一高桥记录，白鹤滩水电站将世界水电带入"百万单机时代"，全球吞吐量前十的超级大港由中国独揽7席，南水北调工程东、中线全面通水惠及沿线1.4亿人口，一幅迈向复兴的壮丽画卷正在徐徐展开。现行标准下农村贫困人口近1亿人全部脱贫，全国居民人均可支配收入超3.5万元，中等收入群体持续扩大，义务教育入学率接近100%，基本医疗保险覆盖超过13.5亿人，基本养老保险覆盖超10亿人，中国人民的民生福祉不断增进，幸福生活成色更足。

中国的发展离不开世界，开放发展的中国为世界经济复苏注入强劲动能和浓浓暖意。全球经济寒潮下，进博会、服贸会、广交会、消博会等国际经贸盛会吸引全球目光，"一带一路"朋友圈不断壮大，中欧班列通达欧洲23个国家180个城市、年开行数量达到15000多列，中国成为全球120多个国家和地区的最大贸易伙伴，以国内大循环为主体、国内国际双循环相互促进的新发展格局逐渐形成。有外媒评论：中国是引领世界经济增长的"可靠火车头"之一。大国崛起带来人民尊严。新时代的巨大发展成就，极大地激发了中国人民的自尊心、自信心和自豪感，近代以来饱经磨难的中国人民，终于开始平视世界，这种国民心理的塑造将为中国未来发展带来极为深远的影响。

二、 向着全体人民共同富裕不断迈进

摆脱贫困，是中华民族几千年的梦想与期盼，也是中国共产党向人民做出的庄严承诺。早在新中国成立初期，毛泽东就指出："现在我们实行这么一种制度，这么一种计划，是可以一年一年走向更富更强的，一年一年可以看到更富更强些。而这个富，是共同的富，这个强，是共同的强，大家都有份。"① 改革开放后，邓小平把共同富裕视为社会主义必须坚持的两个根本原则之一，提出让一部分地区、一部分人先富起来，带动和帮助其他地区、其他的人逐步达到共同富裕的思路。中国特色社会主义进入新时代，习近平总书记秉持人民至上的理念，多次强调："我们追求的发展是造福人民的发展，我们追求的富裕是全体人民共同富裕。改革发展搞得成功不成功，最终的判断标准是人民是不是共同享受到了改革发展成果"②，"把以人民为中心的发展思想体现在经济社会发展各个环节，做到老百姓关心什么、期盼什么，改革就要抓住什么、推进什么，通过改革给人民群众带来更多获得感"③，"在全面建设社会主义现代化国家新征程中，我们必须把促进全体人民共同富裕摆在更加重要的位置，脚踏实地、久久为功，向着这个目标更加积极有为地进行努力，促进人的全面发展和社会全面进步，让广大人民群众获得感、幸福感、安全感更加充实、更有保障、更可持续"④。增进民生福祉始终是发展的目的和评价标准，而共

---

① 《毛泽东文集》第 6 卷，人民出版社 1999 年版，第 495 页。

② 中共中央文献研究室：《习近平关于社会主义社会建设论述摘编》，中央文献出版社 2017 年版，第 35 页。

③ 《习近平谈治国理政》第 2 卷，外文出版社 2017 年版，第 103 页。

④ 习近平：《在全国脱贫攻坚总结表彰大会上的讲话》，人民日报 2021 年 2 月 26 日。

同富裕是其中重要的一环。

为了向共同富裕的目标不断迈进，党的十八大召开后不久，以习近平同志为核心的党中央就突出强调，"小康不小康，关键看老乡，关键在贫困的老乡能不能脱贫"，承诺"决不能落下一个贫困地区、一个贫困群众"，拉开了新时代脱贫攻坚的序幕。在精准扶贫理念的指引下，2015年，党中央召开扶贫开发工作会议，提出实现脱贫攻坚目标的总体要求，实行扶持对象、项目安排、资金使用、措施到户、因村派人、脱贫成效"六个精准"，实行发展生产、易地搬迁、生态补偿、发展教育、社会保障兜底"五个一批"，发出了打赢脱贫攻坚战的总攻令。在这场人类历史上规模最大、力度最强的脱贫攻坚战中，习近平总书记8年间先后7次主持召开中央扶贫工作座谈会，开展50多次调研扶贫工作，走遍14个集中连片特困地区。中央、省、市县财政专项扶贫资金累计投入近1.6万亿元，其中中央财政累计投入6601亿元，为打赢脱贫攻坚战提供了强大资金保障。全国累计选派25.5万个驻村工作队、300多万名第一书记和驻村干部，同近200万名乡镇干部和数百万村干部一道奋战在扶贫一线，1800多名同志为此献出了宝贵的生命。产业扶贫、科技扶贫、教育扶贫、文化扶贫、健康扶贫、消费扶贫等一系列具有原创性、独特性的重大举措，有力地推进了脱贫攻坚的进程：平均每年1000多万人脱贫，规模相当于一个中等国家的人口总数；2000多万贫困患者得到分类救治，近2000万贫困群众享受低保和特困救助供养，2400多万困难和重度残疾人拿到了生活和护理补贴；110多万贫困群众当上护林员，守护绿水青山，换来了金山银山。2021年2月25日，习近平总书记庄严宣布："我国脱贫攻坚战取得了全面胜利，现行标准下9899万农村贫困人口全部脱贫，832 个贫困县全部摘帽，12.8 万个贫困村全部出列，区域性整体贫困得到解决，完成了消除绝对贫困的艰巨任务，创造了又一个彪炳史册的人间奇迹！"[1] 这标志着中国历史性告别了绝对贫困，全面建成小康社会，开启了全面建设社会主义现代化国家新征程。

2021 年 6 月，中共中央、国务院公布了《关于支持浙江高质量发展建设共同富裕示范区的意见》，一个人口数量堪比欧洲大国的省份，开始了打造共同富裕样板的新一轮探索。2022 年 10 月，党的二十大把全体人民共同富裕作为中国式现代化的一个重要特征和本质要求，将"人民生活更加幸福美好，居民人均可支配收入再上新台阶，中等收入群体比重明显提高，基本公共服务实现均等化，农村基本具备现代生活条件，社会保持长期稳定，人的全面发展、全体人民共同富裕取得更为明显的实质性进展"[2] 列为 2035 年我国发展的一个总体目标，共同富裕在高质量发展中一步步扎实推进。历史一再证明并将继续证明："只要我们始终坚持为了人民、依靠人民，尊重人民群众主体地位和首创精神，把人民群众中蕴藏着的智慧和力量充分激发出来，就一定能够不断创造出更多令人刮目相看的人间奇迹！"[3]

三、 在民主法治建设中体现人民主体地位

党的十八大以来，习近平总书记围绕社会主义民主政治和依法治国发表了一系列重要讲话，指出社会主义民主是维护人民根本利益的最广

① 习近平：《在全国脱贫攻坚总结表彰大会上的讲话》，《人民日报》2021 年 2 月 26 日。
② 习近平：《高举中国特色社会主义伟大旗帜　为全面建设社会主义现代化国家而团结奋斗》，《人民日报》2022 年 10 月 26 日。
③ 习近平：《在全国脱贫攻坚总结表彰大会上的讲话》，《人民日报》2021 年 2 月 26 日。

泛、最真实、最管用的民主，发展社会主义民主政治就是要体现人民意志、保障人民权益、激发人民创造活力，强调坚持党的领导、人民当家作主、依法治国有机统一，坚持人民主体地位，扩大人民民主，推进依法治国。在习近平新时代中国特色社会主义思想指引下，我国民主法治建设迈出重大步伐，全过程人民民主不断发展完善，科学立法、严格执法、公正司法、全民守法深入推进，中国特色社会主义法治体系日益完善，人民至上的理念在民主法治建设中得到充分体现。

编制和实施国民经济和社会发展五年规划，是我们党治国理政的重要方式。2020 年，党中央在组织起草"十四五"规划建议的过程中，坚持发扬民主、开门问策、集思广益，把加强顶层设计和坚持问计于民统一起来，鼓励广大人民群众和社会各界以各种方式为"十四五"规划建言献策。习近平总书记先后主持召开一系列不同领域的座谈会，当面听取各方面的意见和建议。全国人大 8 个专门委员会、1 个工作委员会围绕"十四五"规划纲要编制若干重要问题，分赴各地调研考察，形成 22 份专题调研报告，为党中央决策和国务院编制规划草案提供参考。建议稿形成后，不但下发党内一定范围征求意见，包括征求党内部分老同志意见和各民主党派中央、全国工商联负责人、无党派人士代表意见，而且开展了网上征求意见，广大人民群众踊跃留言 100 多万条。文件起草组对从留言中整理出的 1000 余条建议逐条分析，做到能吸收的尽量吸收，增写、改写、精简建议稿文字共计 366 处，覆盖各方面意见和建议 546 条。建议稿起草期间，中央政治局常委会召开 3 次会议、中央政治局召开 2 次会议分别进行审议，并提交党的十九届五中全会审议通过。国务院根据党中央提出的建议，编制规划纲要草案，由全国人民代表大会审查批准后向社会公布实施，把党的主张通过法定程序转化为国家意志和全民行动。

这次规划编制，是我国党内民主和社会主义民主的一次生动实践，是中国的全过程人民民主的一个集中体现。中国的民主，不同于西方"人民只有在投票时被唤醒、投票后就进入休眠期，只有竞选时聆听天花乱坠的口号、竞选后就毫无发言权，只有拉票时受宠、选举后就被冷落"① 的那种形式上的"民主"，而是实现了过程民主和成果民主、程序民主和实质民主、直接民主和间接民主、人民民主和国家意志相统一，是全链条、全方位、全覆盖的民主，是最广泛、最真实、最管用的社会主义民主。全体中国人民依法通过各种途径和形式管理国家事务、管理经济和文化事业、管理社会事务，真正做到了人民当家作主。

2020 年 5 月 28 日下午，十三届全国人大三次会议以 2879 票赞成、2 票反对、5 票弃权，高票表决通过《中华人民共和国民法典》。在数字化时代，面对人肉搜索、垃圾短信、电信诈骗等挑战，如何保护个人信息？民法典确认和保障与个人信息有关的人格权益，并规定了个人信息利用的基本规则。遇到他人处于危难之中，仗义出手却担心反成被告，到底"扶不扶""救不救"？民法典鼓励见义勇为，明确减免救助人责任，不让"英雄流血又流泪"。婚姻关系中，夫妻因为一时冲动放狠话、闹离婚怎么化解？民法典设置"离婚冷静期"，以减少轻率离婚、冲动离婚现象。高空抛物致人损害事件时有发生，找不到肇事者应不应该由全楼业主和物业共同赔偿？民法典对相关责任做出进一步修改和完善，明确公安机关等应当依法及时调查，查清责任人。进城务工农民遇到了新问题：家中承包地闲置，能否"出

---

① 习近平：《坚持和完善人民代表大会制度　不断发展全过程人民民主》，《人民日报》2021 年 10 月 15 日。

租"出去进行农业生产？民法典吸收承包地"三权分置"改革成果，完善土地承包经营权相关规定，为承包地经营权流转打牢法律基础……这部关乎 14 亿人民生老病死、衣食住行、消费借贷、生产生活，共 7 编、84 章、1260 款条文、总字数逾 10 万的法典，历经全国人大常委会 10 次审议、10 次向社会公开征求意见、3 次全国人大代表研读讨论，并在全国两会期间根据各方面意见作了 100 余处修改，最后颁布实施，成为我国新时代法治建设坚持以人民为中心的发展思想、依法维护人民权益的一个里程碑。

这次立法实践，是我国新时代法治建设的一个缩影。党的十八大以来，中国特色社会主义法治体系不断健全，法治中国建设迈出坚实步伐，先后有 200 多件次法律草案向社会征求意见，110 多万人次提出了 300 多万条意见建议，许多重要意见得到采纳，充分体现了"全面依法治国最广泛、最深厚的基础是人民，必须把体现人民利益、反映人民愿望、维护人民权益、增进人民福祉落实到全面依法治国各领域全过程，保障和促进社会公平正义，努力让人民群众在每一项法律制度、每一个执法决定、每一宗司法案件中都感受到公平正义"[①]。

四、 将人民生命安全和身体健康放在突出位置

健康是促进人的全面发展的必然要求，是经济社会发展的基础条件，是民族昌盛和国家富强的重要标志，也是广大人民群众的共同追求。党的十八大以来，以习近平同志为核心的党中央以"没有全民健

---

① 《中共中央关于党的百年奋斗重大成就和历史经验的决议》，《人民日报》2021 年 11 月 17 日。

康，就没有全面小康"① 的认识高度，把人民健康放在优先发展的战略地位，把推进健康中国建设作为党对人民的郑重承诺。根据党的十八届五中全会战略部署，2016 年 8 月，中共中央政治局召开会议，审议通过了《"健康中国 2030"规划纲要》。会议强调，要坚持以人民为中心的发展思想，以提高人民健康水平为核心，以体制机制改革创新为动力，以普及健康生活、优化健康服务、完善健康保障、建设健康环境、发展健康产业为重点，把健康融入所有政策，全方位、全周期保障人民健康，大幅提高健康水平，显著改善健康公平。健康中国建设体现了以人民为中心的发展理念和增进民生福祉的发展取向，广大人民群众从中得到了实实在在的利益。"十三五"期间，全国居民健康素养平均水平基本实现了翻一番，主要健康指标已进入中高收入国家前列；基本医保参保覆盖面稳定在 95 % 以上，城乡医保全面并轨，异地就医即时报销，缓解了 2.36 亿流动人口看病难问题；基本药物数量由 520 种增加到 685 种，集中采购的试点药品中选价格平均降幅 52 % 以上；全科医生数、医疗卫生机构床位数、执业（助理）医师数、注册护士数大幅增加，84 % 的县级医院达到二级及以上水平，近 90 % 的家庭 15 分钟内能够到达最近医疗点；群众常见病、慢性病基本能够就近及时诊治，大病专项救治病种扩大到 30 种，累计救治贫困患者 1900 多万人，近 1000 万因病致贫返贫户成功脱贫，人民群众的获得感、幸福感、安全感更加充实。

正当健康中国建设扎实推进之际，2020 年庚子春节前夕，一场来势汹汹的新型冠状病毒感染突然袭来。面对这场新中国成立以来发生

① 《习近平谈治国理政》第 2 卷，外文出版社 2017 年版，第 370 页。

的传播速度最快、感染范围最广、防控难度最大的重大突发公共卫生事件，以习近平同志为核心的党中央统揽全局、果断决策，坚持把人民生命安全和身体健康放在第一位，第一时间实施集中统一领导，因时因势制定重大战略策略，迅速凝聚起抗疫的强大合力，打响了疫情防控的人民战争、总体战、阻击战。习近平总书记强调："在全国范围调集最优秀的医生、最先进的设备、最急需的资源，全力以赴投入疫病救治，救治费用全部由国家承担。人民至上、生命至上，保护人民生命安全和身体健康可以不惜一切代价。"① 在党中央的统一部署和动员指挥下，全体中国人民风雨同舟、众志成城，4 万名建设者日夜鏖战，数千万网民在线"云监工"，10 天建成有 1000 张病床的火神山医院，12 天建成有 1600 张病床的雷神山医院，10 多天建成 16 座方舱医院。广大医务人员白衣为甲、逆行出征，舍生忘死挽救生命。从出生仅 30 多个小时的婴儿到 100 多岁的老人，从在华外国留学生到来华外国人员，每一个生命都得到全力护佑，人的生命、人的价值、人的尊严得到悉心呵护。长城内外、大江南北，"天使白""橄榄绿""守护蓝""志愿红"汇聚成同心抗疫的钢铁洪流，用 1 个多月的时间初步遏制疫情蔓延势头，2 个月左右将本土每日新增病例控制在个位数以内，3 个月左右取得武汉保卫战、湖北保卫战的决定性成果，中国共产党和政府向全世界交出了一份"人民至上、生命至上"的中国答卷。党中央统筹疫情防控和经济社会发展，加大宏观政策应对力度，推动落实分区分级精准复工复产，最大限度地保障人民生产生活，使中国不仅成为 2020 年全球唯一实现经济正增长的主要经济体，

① 《把人民生命安全和身体健康放在第一位》，《人民日报》2021 年 11 月 2 日。

而且实现了经济总量百万亿元的历史性突破，并向众多国家特别是发展中国家提供物资援助、医疗支持、疫苗援助和合作，为全球抗疫贡献了中国智慧和中国力量。

回望三年多的抗疫历程，以习近平同志为核心的党中央始终坚持人民至上、生命至上，团结带领全党全国各族人民勠力同心、共克时艰，最大限度地保护了人民群众的生命安全和身体健康，创造了人类文明史上人口大国成功走出疫情大流行的奇迹。"生命至上，举国同心，舍生忘死，尊重科学，命运与共"的伟大抗疫精神必将永载史册，成为引领中华民族向着伟大复兴新征程不断迈进的强大精神动力。

五、 让绿水青山造福人民、 泽被子孙

自 20 世纪 80 年代以来，国民经济持续多年的高速增长，给我国资源与环境带来了极大的压力，使生态环境恶化问题日渐突出，甚至直接危害到人民群众的健康与生命。早在 2003 年，时任浙江省委书记的习近平就已经关注到生态环境问题，在《环境保护要靠自觉自为》一文中，否定了"只要金山银山，不管绿水青山""吃了祖宗饭，断了子孙路"的发展思路，提倡自觉自为地加强环境保护。2005 年 8 月 15 日，习近平到安吉余村考察，高度评价了余村主动关停矿山的做法，首次提出了"绿水青山就是金山银山"的科学论断。党的十八大以来，以习近平同志为核心的党中央着眼于中华民族永续发展和人民日益增长的优美生态环境的需要，把生态文明建设作为统筹推进"五位一体"总体布局和协调推进"四个全面"战略布局的重要内容，融入经济建设、政治建设、文化建设、社会建设各方面和全过程。习近平总书记反复强调，环境就是民生，青山就是美丽，蓝天也是幸福，绿水青山就是金山银山；要像保护眼睛一样保护生态环境，像对待生命一样对待生态环境，决不能以牺牲生态环境为代价换取经济的一时发展。这一系列关于生态文明建设的新理念新思想新战略，为加强生态环境保护、推进美丽中国建设提供了强大理论指引、根本遵循和实践动力。

在习近平生态文明思想指引下，全党全国推动绿色发展的自觉性和主动性显著增强，美丽中国建设迈出重大步伐。自 2013 年起，《大气污染防治行动计划》（"大气十条"）、《水污染防治行动计划》（"水十条"）、《土壤污染防治行动计划》（"土十条"）相继印发实施，全面绘就了污染治理的立体"作战图"。2015 年，西起大兴安岭、东到长白山脉、北至小兴安岭，绵延数千公里的原始大森林里，千百年来绵延不绝的伐木声戛然而止，数以十万计的伐木工人封存了斧锯，重点国有林区停伐，宣告多年来向森林过度索取的历史结束。同年 11 月，新修订的《中华人民共和国环境保护法》开始实施。随后，《中华人民共和国大气污染防治法》《中华人民共和国水污染防治法》《中华人民共和国环境影响评价法》等百余部生态环境方面的法律法规陆续修订或出台，我国生态文明法治建设不断取得新进展。2018 年 6 月，中共中央国务院发布了《关于全面加强生态环境保护坚决打好污染防治攻坚战的意见》，全面打响蓝天、碧水、净土三大保卫战。仅 2018 年，生态环境部针对一些地方政府和部门履职不到位、生态环境质量持续恶化等问题，就先后 7 批次对 29 个地方政府和 3 个省级部门实施约谈，并全面推行领导干部自然资源资产离任审计。2021 年 8 月，第二轮第四批中央生态环境保护督察全面启动，7个中央生态环境保护督察组全部实现督察进驻，期间对生态案件的查实特别是对秦岭违建别墅、祁连山生态破坏、洞庭湖下塞湖非法矮围、腾格里沙漠污染、海南海花岛违规建筑等生态案件相关责任人的严肃追责问责，释放出生态红线不可逾越的强烈信号，极大地增强了人们的环保意识，推动了绿色发展理念入脑入心。

　　在党和政府一系列"组合拳"的作用下，我国生态文明建设在重点突破中实现了整体推进，生态环境保护发生了历史性、转折性、全局性变化。2020 年，全国地级以上城市空气优良天数比例提高到 87％，PM2.5 达标地级及以上城市平均浓度比 2015 年下降 28.8％。全国 10638 个农村"千吨万人"水源地全部完成保护区划定，全国地级及以上城市建成区黑臭水体消除比例达到 98.2％，全国地表水优良水质断面比例提高到 83.4％，劣 V 类水质断面比例下降到 0.6％。《土壤污染防治行动计划》确定的受污染耕地安全利用率达到 90％左右、污染地块安全利用率达到 90％以上的目标全部完成。我国森林面积达到 2.2 亿公顷，森林蓄积量达到 175 亿立方米。全国建立国家级自然保护区 474 个，滇金丝猴、藏羚羊等濒危物种种群数量大大增加。今天的中国，已成为全球利用新能源和可再生能源的第一大国，天更蓝了，山更绿了，水更清了，万物繁盛，生机勃勃，在青山绿水之间，人与自然和谐共生的美丽中国新时代正徐徐开启。

　　中国的生态文明实践不但惠及 14 亿多中国人民，而且得到了国际社会越来越多的认可：联合国环境规划署将中国库布齐沙漠生态治理区确立为全球首个沙漠生态经济示范区，中国塞罕坝林场建设者、浙江省"千村示范、万村整治"工程（"千万工程"）等先后获得联合国环保最高荣誉"地球卫士奖"。2019 年，一项根据卫星数据进行的研究成果表明，全球 2000 年到 2017 年新增的绿化面积中，约四分之一来自中国，中国的贡献比例居首，创造了让世界刮目相看的"绿色奇迹"。2020 年 9 月 22 日，习近平主席在第七十五届联合国大会一般性辩论上宣布，中国二氧化碳排放力争于 2030 年前达到峰值，2060 年前实现碳中和。我国的绿色技术正在造福更多国家，为"美丽世界"贡献中国智慧、中国方案和中国力量。

六、 把全面从严治党不断向纵深推进

党的十八大以来，以习近平同志为核心的党中央统揽伟大斗争、伟大工程、伟大事业、伟大梦想，以永远在路上的清醒和坚定，把全面从严治党纳入"四个全面"战略布局，从人民群众反映强烈的突出矛盾和问题入手，着力解决管党治党宽松软的突出问题，开启了全面从严治党的新时代。

2012 年 11 月 15 日，十八届中共中央政治局常委首次集体亮相，习近平总书记发出"打铁还需自身硬"的庄严承诺，宣示坚持党要管党、从严治党，下大气力解决党内存在的贪污腐败、脱离群众、形式主义、官僚主义等突出问题，切实改进工作作风，密切联系群众，使我们党始终成为中国特色社会主义事业的坚强领导核心。更鲜明的信号从 20 天后中央电视台《新闻联播》播发的一条重要新闻发出：《中共中央政治局召开会议，审议中央政治局关于改进工作作风、密切联系群众的八项规定》（以下简称"八项规定"）。短短 600 多字的"八项规定"，从 8 个方面对作风建设立下规矩，包括改进调查研究、精

简会议活动、精简文件简报、严格文稿发表、厉行勤俭节约等。"八项规定"由作风建设切入，从中央政治局带头做起，深入推进党风廉政建设和反腐败斗争，坚决反对形式主义、官僚主义、享乐主义和奢靡之风，遏制"舌尖上的浪费"，刹住"车轮上的腐败"，整治"会所里的歪风"，清理超标办公用房、公款吃喝、公款旅游，持续解决形式主义，深化拓展基层减负……党中央发扬钉钉子精神，对典型问题点名道姓、通报曝光，对关键节点紧盯不放、越抓越紧，对法规制度及时完善、越织越密，使党风政风社风民风发生明显变化，党的好传统、好作风加速回归。"八项规定"彰显了以习近平同志为核心的党中央全面推进从严治党的坚定决心，并深刻持久地影响和改变着中国。

2013 年 1 月，在第十八届中央纪律检查委员会第二次全体会议上，习近平总书记指出，为政清廉才能取信于民，秉公用权才能赢得人心，强调要坚定决心，有腐必反、有贪必肃，不断铲除腐败现象滋生蔓延的土壤，以实际成效取信于民。在这次会议上，习近平总书记首次提出坚持"老虎""苍蝇"一起打，既坚决查处领导干部违纪违法案件，又切实解决发生在群众身边的不正之风和腐败问题。习近平总书记的话语掷地有声："不论什么人，不论其职务多高，只要触犯了党纪国法，都要受到严肃追究和严厉惩处……党纪国法面前没有例外，不管涉及到谁，都要一查到底，决不姑息"。① 从 2012 年 12 月到 2021 年 5 月，在党中央坚强领导下，纪检监察机关共立案审查调查省部级以上领导干部 392 人、厅局级干部 2.2 万人、县处级干部 17 万余人、乡科级干部 61.6 万人；查处落实中央八项规定精神不力问题、"四风"

---

① 《习近平谈治国理政》第 1 卷，外文出版社 2018 年版，第 388 页。

问题 62.65 万起；自 2014 年"天网行动"开展以来，追回外逃人员 9165 人。特别是党中央坚决查处了周永康、薄熙来、郭伯雄、徐才厚、令计划等严重违纪违法案件，让人民群众看到了党中央坚持无禁区、全覆盖、零容忍，坚持重遏制、强高压、长震慑，坚决防止党内形成利益集团的坚定决心。从"党风廉政建设和反腐败斗争取得了新进展"到"反腐败斗争压倒性态势正在形成"，从"反腐败斗争压倒性态势已经形成并巩固发展"到"反腐败斗争取得压倒性胜利并全面巩固"，再到"全面从严治党已经取得了历史性、开创性成就，产生了全方位、深层次影响"，党中央一步一个脚印把全面从严治党不断向纵深推进，践履了"得罪千百人、不负十四亿"的庄严承诺，赢得了民心所信、民心所向。

习近平总书记反复强调，标本兼治是我们管党治党的一贯要求，深入推进全面从严治党，必须坚持标本兼治，强化不敢腐的震慑，扎牢不能腐的笼子，增强不想腐的自觉，一体推进不敢腐、不能腐、不想腐。在以猛药去疴、重典治乱的决心和刮骨疗毒、壮士断腕的勇气铁腕反腐，充分发挥"不敢腐"的震慑作用的同时，党中央高度重视制度建设，并将其作为全面从严治党的根本保障，建立起党内法规制度的"四梁八柱"，形成了比较完善的党内法规体系。截至 2021 年 7 月 1 日，现行有效党内法规达到 3615 部，其中党中央制定的中央党内法规 211 部，中央纪律检查委员会以及党中央工作机关制定的部委党内法规 163 部，省、自治区、直辖市党委制定的地方党内法规 3241 部，为全面从严治党提供了规范化、法治化保障。在推进全面从严治党历程中，我们党坚持思想建党与制度建党紧密结合，自 2013 年以来，党的群众路线教育实践活动、"三严三实"专题教育、"两学一做"学习教育、"不忘初心、牢记使命"主题教育、党史学习教育等党内集中教育压茬推进，有效解决了党员队伍在思想、组织、作风、纪律等方面存在的突出问题。党员干部离特权越来越远，离人民群众越来越近，涌现出公正为民的好法官邹碧华、太行山上的新愚公李保国、全国优秀县委书记廖俊波、海归战略科学家黄大年、牺牲在脱贫攻坚战场的黄文秀、献身教育扶贫事业的张桂梅、以"渐冻之躯"坚守抗疫一线的张定宇等一大批时代楷模。在他们身上，集中体现了我们党为人民谋幸福、为民族谋复兴的初心和使命，彰显了新时代中国共产党坚持人民至上的崇高价值追求。

第四章

人民至上的经验启示

党的十九届六中全会把"坚持人民至上"作为一条宝贵历史经验写入中共第三个历史决议，庄重指出："党的根基在人民、血脉在人民、力量在人民，人民是党执政兴国的最大底气。民心是最大的政治，正义是最强的力量。党的最大政治优势是密切联系群众，党执政后的最大危险是脱离群众"，"只要我们始终坚持全心全意为人民服务的根本宗旨，坚持党的群众路线，始终牢记江山就是人民、人民就是江山，坚持一切为了人民、一切依靠人民，坚持为人民执政、靠人民执政，坚持发展为了人民、发展依靠人民、发展成果由人民共享，坚定不移走全体人民共同富裕道路，就一定能够领导人民夺取中国特色社会主义新的更大胜利，任何想把中国共产党同中国人民分割开来、对立起来的企图就永远不会得逞"。坚持人民至上，是我们党对百年奋斗历程中历史经验的总结和升华，也是我们在新时代实践中必须长期坚持的科学指引。

第一节 坚持人民至上，是马克思主义政党的本质要求

马克思主义是我们立党立国的根本指导思想，是中国共产党的灵魂和旗帜。在纪念马克思诞辰 200 周年大会上，习近平总书记将马克思主义的本质特性概括为科学的理论、人民的理论、实践的理论、不断发展的开放的理论。马克思主义之所以是科学的，是因为它创造性地揭示了人类社会发展的一般规律，为人类指明了从必然王国向自由王国飞跃的途径，为人民指明了实现自由和解放的道路。马克思主义之所以是人民的，是因为它植根人民之中，第一次站在人民的立场探求人类自由解放的道路，以科学的理论为最终建立一个没有压迫、没有剥削、人人平等、人人自由的理想社会指明了前进的人间正道。马克思主义之所以是实践的，是因为它不是书斋里的学问，而是为了改变人民历史命运而创立的，是在人民求解放的实践中形成的，也是在人民求解放的实践中丰富和发展的，因而能够为人民认识世界、改造世界提供强大的精神力量。马克思主义之所以是不断发展的开放的理论，是因为它不是教条，而是行动指南，不断根据时代、实践、认识的发展而发展，不断探索时代发展提出的新课题、回应人类社会面临的新挑战。正因为此，习近平总书记在党的二十大报告中指出："人民性是马克思主义的本质属性，党的理论是来自人民、为了人民、造福人民的理论，人民的创造性实践是理论创新的不竭源泉。一切脱离

人民的理论都是苍白无力的，一切不为人民造福的理论都是没有生命力的。我们要站稳人民立场、把握人民愿望、尊重人民创造、集中人民智慧，形成为人民所喜爱、所认同、所拥有的理论，使之成为指导人民认识世界和改造世界的强大思想武器。"① 由此可见，人民性是马克思主义最鲜明的品格，人民立场是马克思主义的政治本色，坚持人民至上是马克思主义政党的本质要求。

中国共产党是用马克思主义武装起来的政党，来自人民、植根人民，为了人民、依靠人民。从诞生之日起，我们党就把马克思主义鲜明地写在自己的旗帜上，同人民站在一起，为人民利益而接续奋斗。在庆祝中国共产党成立 95 周年大会上，习近平总书记明确指出："人民立场是中国共产党的根本政治立场，是马克思主义政党区别于其他政党的显著标志。"② 一百多年来，中国共产党始终坚守人民立场，把党性同人民性统一起来，把党的事业同人民的事业统一起来，把党的路线方针政策同人民的所思所想所盼统一起来，新民主主义革命为人民翻身作主而斗争，社会主义革命和建设为改善人民生活而求索，改革开放为实现人民富裕幸福而努力，新时代为实现人民对美好生活的向往而奋斗，不断推进中国特色社会主义事业从胜利走向胜利，不断推进人的自由和全面发展迈上新的台阶，取得了一个又一个举世瞩目的伟大成就，彰显了一以贯之的人民立场。在全面建设社会主义现代化国家、向第二个百年奋斗目标进军的新征程上，中国共产党作为长期执政的马克思主义政党，必须不忘初心、牢记使命，继续高扬人民

---

① 习近平：《高举中国特色社会主义伟大旗帜　为全面建设社会主义现代化国家而团结奋斗》，《人民日报》2022 年 10 月 26 日。

②《习近平谈治国理政》第 2 卷，外文出版社 2017 年版，第 40 页。

至上的旗帜，谱写坚持人民至上的新篇章。

一是始终站稳人民立场。习近平总书记反复强调，"一切向前走，都不能忘记走过的路；走得再远、走到再光辉的未来，也不能忘记走过的过去，不能忘记为什么出发"① "全党必须牢记，为什么人的问题，是检验一个政党、一个政权性质的试金石。带领人民创造美好生活，是我们党始终不渝的奋斗目标"② "要牢记群众是真正的英雄，任何时候都不能忘记为了谁、依靠谁、我是谁，真正同人民结合起来"③。这些论述，体现出一名真正的马克思主义者对人民立场的无比清醒与坚守。中国共产党为人民而生、因人民而兴，人民立场是党的根本政治立场，人民群众是党的力量源泉，有了人民的拥护与支持，党就会有源源不断的无穷的力量。因此，我们在任何时候、任何情况下，都要牢记初心、不忘使命，始终站稳人民立场，"把人民放在心中最高位置，坚持全心全意为人民服务的根本宗旨，实现好、维护好、发展好最广大人民根本利益，把人民拥护不拥护、赞成不赞成、高兴不高兴、答应不答应作为衡量一切工作得失的根本标准，使我们党始终拥有不竭的力量源泉"④。

二是始终牢记根本宗旨。党的根本宗旨是一个政党存在的根本目的和意图，规定着党的基本路线、大政方针、阶段性任务、党员的权利和义务等，是党的理论根基和现实遵循。中国共产党是中国工人阶级的先锋队，同时是中国人民和中华民族的先锋队，是中国特色社会主义事业的领导核心，代表着中国最广大人民的根本利益。作为工人

---

① 《习近平谈治国理政》第 2 卷，外文出版社 2017 年版，第 32—33 页。
② 《习近平谈治国理政》第 3 卷，外文出版社 2020 年版，第 35 页。
③ 《习近平谈治国理政》第 3 卷，外文出版社 2020 年版，第 520 页。
④ 《习近平谈治国理政》第 2 卷，外文出版社 2017 年版，第 40 页。

阶级的先锋队，我们党除了忠实地代表工人阶级和人民群众的根本利益以外，没有其他任何特殊利益，这就决定了党的唯一宗旨就是全心全意为人民服务。这是无产阶级政党区别于其他阶级政党的重要标志，是我们党的最高价值取向。中国共产党在百年峥嵘岁月里，将马克思主义人民观与"民惟邦本"等中华优秀传统文化相结合，创造性地转化和发展成"为人民谋幸福、为民族谋复兴"的初心使命，雕琢成"全心全意为人民服务"的座右铭。建党以来，中国共产党能够由小到大、由弱变强，战胜千难万险取得今天的胜利，最根本的原因是得到了人民群众的拥护和支持。为什么党能得到人民群众的拥护和支持？从根本上讲，是因为我们党始终把全心全意为人民服务作为自己的根本宗旨，"共产党就是为人民谋幸福的，人民群众什么方面感觉不幸福、不快乐、不满意，我们就在哪方面下功夫，千方百计为群众排忧解难"[1]。全心全意为人民服务不是一句抽象的、空洞的政治口号，而是一种具体的、生动的政治实践，是无数党员在一件件、一桩桩小事中干出来的，是人民群众从党的方针政策、从党员干部的日常表现中看出来的。无论何时，我们都必须始终牢记党的根本宗旨，与人民心连心、同呼吸、共命运，同人民想在一起、干在一起，风雨同舟、同甘共苦，始终保持对人民的赤子之心。

三是始终坚持自我革命。习近平总书记指出："以百姓心为心，与人民同呼吸、共命运、心连心，是党的初心，也是党的恒心。"[2] 初心易得、始终难守，早已被一些国外政党所证明，其中一个典型的例

---

①《习近平李克强栗战书汪洋王沪宁赵乐际韩正分别参加全国人大会议一些代表团审议》，《人民日报》2018 年 3 月 8 日。

②《习近平谈治国理政》第 3 卷，外文出版社 2020 年版，第 138 页。

子是苏联共产党。苏共在拥有 20 万党员时，夺取政权，建立了世界上第一个社会主义国家；在拥有 200 万党员时，打败德国法西斯侵略者，取得了卫国战争的胜利；在拥有近 2000 万党员时，却丢失了政权，一夜之间亡党亡国。其中原因，发人深省。苏共解体前，当时的苏联社会科学院曾经就"苏共代表谁的利益"进行过一次问卷调查，被调查者认为苏共仍然能够代表工人利益的占被调查者的 4％，认为代表全体党员利益的占 11％，而认为代表党的官僚、干部和机关工作人员利益的竟然占 85％。这表明当时的苏共已经丢失了初心，脱离了人民，丧失了自我革命的意志，退化成一个只维护自身利益的特权官僚集团。中国共产党又该如何跳出治乱兴衰的历史周期率？1945 年，毛泽东在延安的窑洞里给出了第一个答案，即让人民来监督。经过百年奋斗特别是党的十八大以来新的实践，我们党又给出了第二个答案，这就是自我革命。在百年奋斗历程中，中国共产党历经千锤百炼仍初心不改、矢志不移，得到人民群众支持和拥护，原因就在于党敢于直面自身存在的问题，勇于自我革命，始终保持先进性和纯洁性，不断增强创造力、凝聚力、战斗力，永葆马克思主义政党本色。为此，党的二十大报告把全面从严治党作为党永葆生机活力、走好新的赶考之路的必由之路。习近平总书记强调："在新的历史条件下，要永葆党的马克思主义政党本色，关键还得靠我们党自己。"① 面向未来，我们必须永葆自我革命精神，在为人民执政、为人民用权、为人民谋利这个根本问题上头脑清晰、立场坚定，敢于刀刃向内、壮士断腕，不断清除一切损害党的先进性、纯洁性的因素和侵蚀党的健康肌

---

① 习近平：《继续把党史总结学习教育宣传引向深入　更好把握和运用党的百年奋斗历史经验》，《人民日报》2022 年 1 月 12 日。

体的病毒，确保党不变质、不变色、不变味，始终成为时代先锋、民族脊梁，始终成为中国人民最可靠、最坚强的主心骨。

第二节　坚持人民至上，是社会主义制度的内在要求

马克思和恩格斯通过创立唯物史观和发现剩余价值规律，科学地揭示了人类社会最终走向共产主义的必然趋势，描绘了未来理想社会的壮丽画卷：到那个时候，生产力极大发展，物质财富极大丰富，人们能够熟练地掌握和运用自然规律为人类服务；在社会化大生产的基础上，实现全社会的生产资料公有制，消灭了私有制，消灭了剥削；社会生产和分配完全由计划来完成，商品、货币和传统的社会分工不复存在，城乡之间、工农之间、体力劳动与脑力劳动之间的差别将消失；劳动已经不仅仅是谋生的手段，而且本身成为生活的第一需要，社会分配实行"各尽所能，按需分配"；阶级和国家已经消亡，代替它们的是一个自由人联合体，对人的统治将由对物的管理和对生产过程的领导所代替；整个社会具有高度的精神文明；人们将在自觉、丰富、全面的社会关系中获得自由、全面的发展。虽然共产主义的实现不会一蹴而就，而是需要一个极其漫长的过程，但马克思和恩格斯坚信，历史总是向前发展的，只要人民成为自己的主人、社会的主人、人类社会发展的主人，共产主义理想就一定能够在不断改变现存状况的现实运动中一步一步实现。科学社会主义理论关注劳动人民的疾

苦，代表广大人民群众的根本利益，主张消灭少数人剥削和压迫多数人的不合理的社会制度、实现广大人民群众的彻底解放，这些内涵丰富的马克思主义人本思想，奠定了中国共产党坚持人民至上的理论基础。

中国共产党自成立之日起，就把为共产主义、社会主义而奋斗确定为自己的纲领，不断把为崇高理想奋斗的伟大实践推向前进。经过新民主主义革命的浴血奋斗、社会主义革命和建设的曲折探索、改革开放和社会主义现代化建设的快速发展，我国建立起工人阶级领导的、以工农联盟为基础的人民民主专政的国家政权，形成了中国特色社会主义制度，为实现中华民族伟大复兴提供了充满新的活力的体制保证。进入新时代，以习近平同志为核心的党中央持续推进全面深化改革，中国特色社会主义制度更加成熟更加定型，为全面开启社会主义现代化国家新征程、实现中华民族伟大复兴提供了更加完备、更加成熟的制度保证。新中国成立前的 1948 年，毛泽东即指出："我们是人民民主专政，各级政府都要加上'人民'二字，各种政权机关都要加上'人民'二字，如法院叫人民法院，军队叫人民解放军。"[①] 70 年后的 2018 年，习近平总书记再次强调，"一切国家机关工作人员，无论身居多高的职位，都必须牢记我们的共和国是中华人民共和国，始终要把人民放在心中最高的位置，始终全心全意为人民服务，始终为人民利益和幸福而努力工作"[②]。一百年来，我们党把党的领导作为人民当家作主和依法治国的根本保证，把人民当家作主作为社会主义民主政治的本质特征，把依法治国作为党领导人民治理国家的基本方

---

① 《毛泽东文集》第 5 卷，人民出版社 1996 年版，第 135 页。
② 《习近平谈治国理政》第 3 卷，人民出版社 2020 年版，第 139 页。

式，始终坚持为了人民而建设社会主义制度、不断完善和发展中国特色社会主义制度。历史证明，中国特色社会主义制度是保证人民当家作主的制度，是增进人民福祉的制度，是持续推动中国进步发展、实现中华民族伟大复兴的制度。也正是内蕴其中的人民至上的价值理念和鲜明的制度品格，保证了人民当家作主的地位，带领 14 亿多人民过上了前所未有的美好生活。面向未来，我们要秉承人民至上的价值理念，不断把中国特色社会主义伟大事业持续推向前进。

一是继续解放和发展社会生产力。马克思和恩格斯所设想的物质财富极大丰富、人民精神境界极大提高、每个人自由而全面发展的共产主义社会，是建立在现实的经济基础之上的，如果没有生产力的巨大增长和高度发展为前提，"那就只会有贫穷、极端贫困的普遍化；而在极端贫困的情况下，必须重新开始争取必需品的斗争，全部陈腐污浊的东西又要死灰复燃"①。因此，《共产党宣言》指出，工人革命的第一步就是使无产阶级上升为统治阶级，争得民主，并利用自己的政治统治，尽可能快地增加生产力的总量。马克思还曾预言，社会主义在消灭剥削制度的基础上，必然能够创造出更高的劳动生产率，使生产力以更高的速度向前发展。新中国成立初期，经过对生产资料私有制进行社会主义改造，迅速恢复和发展了生产。改革开放以来，党和政府把解放和发展生产力重新摆上了重要位置，直接带来了经济高速发展和人民生活水平的迅速提高。2012 年 11 月，习近平总书记在主持第十八届中央政治局第一次集体学习时明确指出："解放和发展社会生产力是中国特色社会主义的根本任务，所以必须坚持以经济建

---

① 《马克思恩格斯文集》第 1 卷，人民出版社 2009 年版，第 538 页。

设为中心，以科学发展为主题，实现以人为本、全面协调可持续的科学发展。"① 党和政府通过完善社会主义市场经济体制，坚持新发展理念，推进供给侧结构性改革，淘汰落后产能，实现产业转型升级，创造了经济快速发展奇迹和社会长期稳定奇迹，也使广大人民群众在生产力的快速发展中过上了美好生活。面向未来，我们必须把解放和发展社会生产力作为最根本最紧迫的任务，坚定不移持续深化改革和扩大开放，不断提高人民物质文化生活水平，促进人的全面发展，并为最终迈向共产主义创造必要的物质条件。

二是完善中国特色社会主义制度。中国特色社会主义取得的巨大成功，展现出中国特色社会主义制度的巨大优越性，充分证明了中国特色社会主义制度是行得通、真管用、有效率的制度。但是，相比我国经济社会发展的新要求和人民群众对美好生活的新期待，相比当今世界正经历百年未有之大变局的新形势和全面建设社会主义现代化国家的新目标，中国特色社会主义制度还不是成熟定型、尽善尽美的制度，还有不少亟待改进之处。作为向共产主义过渡的阶段，社会主义社会只是共产主义社会的序曲，既处于物质和精神生产积累的阶段，也处于制度探索巩固的阶段。恩格斯指出："所谓'社会主义社会'不是一种一成不变的东西，而应当和任何其他社会制度一样，把它看成是经常变化和改革的社会。"② 因此，中国特色社会主义制度仍需要在社会主义现代化国家建设的实践中不断总结探索，不断改革创新，不断自我完善和发展。习近平总书记强调："我们全面深化改革，不是因为中国特色社会主义制度不好，而是要使它更好；我们说坚定制

---

① 《习近平谈治国理政》第 1 卷，外文出版社 2018 年版，第 13 页。
② 《马克思恩格斯文集》第 10 卷，人民出版社 2009 年版，第 588 页。

度自信，不是要固步自封，而是要不断革除体制机制弊端，让我们的制度成熟而持久。"① 可见，新时代坚持和完善中国特色社会主义制度是有方向、有立场、有原则的，绝不是西方化、资本主义化。要把马克思主义基本原理同中国具体实际相结合，坚持和完善党的领导制度、人民代表大会制度、多党合作和政治协商制度、民族区域自治制度、基层群众自治制度以及社会主义经济、政治、文化、社会、生态文明等各方面制度，为党和国家事业发展、为人民幸福安康、为社会和谐稳定、为国家长治久安提供一整套更完备、更稳定、更管用的制度体系，不断增强社会主义现代化建设的动力和活力，把制度优势更好地转化为国家治理效能，在制度建设中体现出人民至上的理论自觉与社会主义的制度优势。

三是满足人民对美好生活的需求。中国特色社会主义制度好不好，优越不优越，中国人民最清楚，也最有发言权。人民群众判断一种社会制度的最朴素标准，就是有没有让老百姓过上好日子。中国特色社会主义进入新时代，社会主要矛盾发生了根本变化，人民日益增长的物质文化需要已经转变为美好生活需要，这意味着人民不仅对物质文化生活提出了更高要求，而且对民主、法治、公平、正义、安全、环境等方面的要求也日益增长。满足人民对美好生活的需求，首先要把人民需要置于一切工作的出发点和落脚点，增强问题意识，抓住人民最关心最直接最现实的利益问题，交出人民满意的答卷。习近平总书记在党的十九大报告中指出："增进民生福祉是发展的根本目的。必须多谋民生之利、多解民生之忧，在发展中补齐民生短板、促

---

① 中共中央文献研究室：《习近平关于社会主义政治建设论述摘编》，中央文献出版社 2017 年版，第8—9 页。

进社会公平正义，在幼有所育、学有所教、劳有所得、病有所医、老有所养、住有所居、弱有所扶上不断取得新进展。"① 这"七个有"，就是我们的努力方向，要通过这些问题的解决，让人民有更多、更直接、更实在的获得感、幸福感和安全感。在党的二十大报告中，习近平总书记强调："为民造福是立党为公、执政为民的本质要求。必须坚持在发展中保障和改善民生，鼓励共同奋斗创造美好生活，不断实现人民对美好生活的向往。"② 满足人民对美好生活的需要，必须坚持实事求是的思想路线，与经济和社会发展的实际结合在一起。当前，我国仍然处于社会主义初级阶段，仍然是世界上最大的发展中国家，对人民美好生活需要的满足程度也要从这个最大特征出发，既尽力而为，又量力而行，一时满足不了人民需要的，要向人民做好解释说明工作，并逐步创造满足的条件，但不能向人民群众开空头支票，否则结果会适得其反。同时，还要科学统筹眼前利益和长远利益、局部利益和整体利益的关系，下大力气解决发展不平衡不充分的问题，解决地区差距、城乡差距、收入差距等问题，让改革发展成果更多更公平惠及全体人民，朝着实现全体人民共同富裕的目标不断迈进。

①《习近平谈治国理政》第 3 卷，外文出版社 2020 年版，第 18 页。

② 习近平：《高举中国特色社会主义伟大旗帜　为全面建设社会主义现代化国家而团结奋斗》，《人民日报》2022 年 10 月 26 日。

第三节　坚持人民至上，是推进
伟大事业的必然要求

人民是历史的创造者，是马克思主义唯物史观的一条基本原理。马克思指出，"历史活动是群众的活动"，决定历史发展的是"行动着的群众"。[①] 习近平总书记将马克思主义的这一基本原理与中国实践相结合、相印证，多次指出"人民是历史的创造者，群众是真正的英雄"[②]"人民群众是历史发展和社会进步的主体力量"[③]"中华民族五千多年的文明史，中国人民近代以来一百七十多年的斗争史，中国共产党九十多年的奋斗史，中华人民共和国六十多年的发展史，都是人民书写的历史"[④]"改革开放在认识和实践上的每一次突破和发展，改革开放中每一个新生事物的产生和发展，改革开放每一个方面经验的创造和积累，无不来自亿万人民的实践和智慧"[⑤]"历史是人民创造的，英雄的人民创造英雄的历史"[⑥]"中国共产党之所以能够发展壮大，中国特色社会主义之所以能够不断前进，正是因为依靠了人民。中国共产党之所以能够得到人民拥护，中国特色社会主义之所以

[①]《马克思恩格斯文集》第 1 卷，人民出版社 2009 年版，第 287 页。
[②]《习近平谈治国理政》第 1 卷，外文出版社 2018 年版，第 5 页。
[③]《习近平谈治国理政》第 1 卷，外文出版社 2018 年版，第 27 页。
[④] 中共中央文献研究室：《十八大以来重要文献选编》（上），中央文献出版社 2014 年版，第 694 页。
[⑤]《习近平谈治国理政》第 1 卷，外文出版社 2018 年版，第 68 页。
[⑥]《习近平谈治国理政》第 2 卷，外文出版社 2017 年版，第 48 页。

能够得到人民支持，也正是因为造福了人民"①。这些重要论述，都创造性地运用了人民是历史的创造者这一唯物史观的基本原理，阐明了人民群众是中国革命、建设和改革的根本依靠力量。

中国近代以来的历史演变，从实践上充分印证了人民群众是推动历史前进的根本动力，是历史的创造者。土地革命战争中，在人民群众帮助下，中国共产党领导的人民军队打破了敌人数次"围剿"和层层封锁，并在斗争中不断发展壮大。抗日战争中，我们党广泛发动群众，让日本侵略者陷入人民战争的汪洋大海，最终将侵略者赶出中国。解放战争中，老百姓用小车推出了淮海战役的胜利，用小船划出了渡江战役的胜利，帮助中国共产党夺取了全国政权。新中国成立后，我们党紧紧依靠人民，以冲天的激情和无限的创造力，在一穷二白的基础上描绘出了最新最美的图画。改革开放以来，从小岗破冰、深圳兴涛到海南弄潮、浦东逐浪，从实行家庭联产承包责任制到乡镇企业异军突起，新生事物层出不穷，社会面貌日新月异，没有哪一项不是依靠广大人民的艰苦努力和智慧创造来完成的。新时代的中国能够书写世所罕见的经济快速发展和社会长期稳定的新篇章，办成许多过去想办而没有办成的大事，根本在于中国共产党的坚强领导，在于亿万中国人民在党的领导下、在前期积累的劳动成果基础上苦干实干所得来的。面向未来，我们要始终坚持人民主体地位，牢记人民是真正的英雄，是决定党和国家前途命运的根本力量，坚持依靠人民创造新的历史伟业。

---

① 《习近平谈治国理政》第 2 卷，外文出版社 2017 年版，第 52 页。

　　一是坚持人民主体地位。是否尊重人民的主体地位，是否承认人民群众创造历史的主体作用，是区别唯物史观和唯心史观的根本标志。人们创造历史的第一个和最基本的活动是生产劳动，群众自己解放自己，同样也是唯物史观的重要观点。当前，经过全党全国各族人民的持续奋斗，全面建成小康社会的目标已经实现，接下来是到2035年要基本实现社会主义现代化，到新中国成立100周年即本世纪中叶要全面建成富强民主文明和谐美丽的社会主义现代化强国，这仍然是异常艰巨的任务。这期间，世界正经历百年未有之大变局，我们在一个更加不稳定不确定的世界中谋求发展，还有许多具有新的历史特点的伟大斗争要面对，还有许多困难要征服；同时，我国已进入高质量发展阶段，经济发展前景向好，但发展不平衡不充分的问题仍然突出，在实现高质量发展方面还有许多短板弱项；创造全体人民更加美好的生活，任重而道远，仍有许多困难和挑战要面对，需要采取更有针对性的措施，一件一件抓落实，一年接着一年干。人民对美好生活的向往，就是党的奋斗目标。我们党要永远做人民的主心骨和领路人，既要为人民的美好生活铺路架桥，为人民排忧解难，又要引导人民群众深刻认识自己在实践活动中的主体地位，依靠群众、发动群众，充分发挥人民群众的主体作用。幸福不会从天而降，而是奋斗出来的，14亿多人民的美好生活最终要靠人民群众用自己的双手，用自己的勤劳和智慧去创造。正如习近平总书记所指出的："社会主义中国发展到今天，取得的成就不是天上掉下来的，更不是别人恩赐施舍的，而是广大人民群众在党的领导下用勤劳、智慧、勇气干出来的！在我们这么一个有着14亿人口的国家，每个人出一份力就能汇聚成排山倒海的磅礴力量，每个人做成一件事、干好一件工作，党和国家事业就能向前推进一步。"① 只要 14 亿多人民紧紧团结在党的周围，万众一心、艰苦奋斗，我们的目标就一定能够实现。

二是尊重人民首创精神。群众实践是一切真知的唯一来源。人民群众作为物质生产实践和社会变革实践的主体，最有智慧，最有力量。在延安时期，毛泽东就指出："群众有伟大的创造力。中国人民中间，实在有成千成万的'诸葛亮'，每个乡村，每个市镇，都有那里的'诸葛亮'。我们应该走到群众中间去，向群众学习，把他们的经验综合起来，成为更好的有条理的道理和办法，然后再告诉群众（宣传），并号召群众实行起来，解决群众的问题，使群众得到解放和幸福。"② 革命战争年代，地雷战、地道战等都是抗日根据地军民的杰出创造。新中国成立后，浙江省诸暨县（现诸暨市）枫桥镇干部群众创造的"枫桥经验"被毛泽东亲自批示推广，对解决社会矛盾、减少刑事案件发挥了重要作用。改革开放时期，起源于安徽省凤阳县小岗村的家庭联产承包责任制揭开了农村改革序幕，根据王大珩等四位科学家的建议出台的"863"计划对推动我国高新技术进步产生了重要影响。党的十八大以来，习近平总书记强调："人民群众有着无尽的智慧和力量，只有始终相信人民，紧紧依靠人民，充分调动广大人民的积极性、主动性、创造性，才能凝聚起众志成城的磅礴之力。"③ 我们党紧密联系人民群众的创造性实践，尊重人民群众的首创精神，北京"街乡吹哨、部门报到、接诉即办"的基层管理机制经验、浙江

① 习近平：《在基层代表座谈会上的讲话》，人民出版社 2020 年版，第 8—9 页。
②《毛泽东选集》第 3 卷，人民出版社 1991 年版，第 933 页。
③《习近平谈治国理政》第 2 卷，外文出版社 2017 年版，第 52 页。

"最多跑一次"的公共服务创新实践、海南等地的"多规合一"空间规划试点、河南反腐倡廉"以案促改"工作的探索与实践等，如涓涓细流汇聚成改革创新的源头活水。在建设新时代中国特色社会主义的伟大进程中，我们必须充分激发人民群众无限的创造热情，坚持眼睛向下、脚步向下，汲取人民群众的智慧，将其转化为系统的政策、理论，再回到群众中去获得群众认同，使之成为人民群众的自觉行动，从而凝聚成推动社会变革进步的强大合力。

三是增强群众工作本领。要推进新时代中国特色社会主义伟大事业，就要有效地把广大群众发动和组织起来，使他们积极投身到伟大事业中来，我们的事业才能获得广泛的群众基础和有力的群众支持，才能无往不胜。习近平总书记强调："群众工作是我们的看家本领，我们党靠群众工作起家，同样要靠群众工作实现长期执政……领导干部要深入基层一线，增强同人民群众的感情，学会做群众工作的方法，从基层实践找到解决问题的金钥匙，促进各项工作推陈出新、取得突破。"① 新时代，人民群众的价值取向日趋复杂、精神世界愈加丰富，自主意识、平等意识、权利意识、参与意识、监督意识等明显增强，利益诉求比以往任何时候都更为复杂、更为多样。新媒体技术的兴起，也使社会舆论环境发生了重大而深刻的变化，因而对增强群众工作本领提出了更高要求。要做好组织群众、宣传群众、教育群众、服务群众工作，就要像习近平总书记那样，与群众多见面，坐到同一条板凳上拉家常、察实情、交真心，切身感受他们的喜怒哀乐，设身处地回应他们的所盼所想；与群众多商量，出台政策措施时问计于

---

① 习近平：《在中央和国家机关党的建设工作会议上的讲话》，《求是》2019 年第 21 期。

民、问策于民，多与群众推心置腹、沟通交流，讲透政策措施、讲清疑虑困惑、讲明背后考虑，争取群众理解与支持；请群众多评判，真正请群众来监督、评判我们的工作，并根据群众意见调整完善政策举措，提高为人民服务水平。无论新时代群众工作出现了怎样的新变化，只要我们党始终坚持人民至上的价值理念，始终代表最广大人民群众的根本利益，始终保持同人民群众的血肉联系，始终同人民群众想在一起、干在一起、风雨同舟、同甘共苦，就能守住人民的心，守住人民群众对党的信任、拥护和支持，凝聚起共同建设伟大国家、共同开创历史伟业、共同创造美好生活的磅礴力量。